道路及总平面竖向设计

Vertical Design of Road and General Layout

杨铭山　编著

中国建筑工业出版社

图书在版编目（CIP）数据

道路及总平面竖向设计/杨铭山编著. —北京：中国建筑工业出版社，2018.8
ISBN 978-7-112-22303-9

Ⅰ. ①道… Ⅱ. ①杨… Ⅲ. ①道路工程-设计 Ⅳ. ①U412

中国版本图书馆 CIP 数据核字（2018）第 123770 号

道路及总平面竖向设计

杨铭山　编著

*

中国建筑工业出版社出版、发行（北京海淀三里河路9号）
各地新华书店、建筑书店经销
霸州市顺浩图文科技发展有限公司制版
北京富生印刷厂印刷

*

开本：787×960 毫米　1/16　印张：8¾　字数：171 千字
2018 年 9 月第一版　2018 年 9 月第一次印刷
定价：38.00 元（附网络下载）
ISBN 978-7-112-22303-9
(32191)

版权所有　翻印必究
如有印装质量问题，可寄本社退换
（邮政编码 100037）

厂区、居住区、学校、商业区和其他设计车速较低的道路（以下统一简称为区内道路或道路）在传统竖向设计方面有一些不太合理的地方，许多设计未对道路做详细的竖向设计，另外，从道路设计、施工、监理，再到业主管理，大家对道路竖向设计和施工往往不够重视，其结果是施工后的道路质量较差，不够平顺，经常积水。为此，本书引入城市道路的设计理念，并结合区内道路的特点，提出区内道路竖向设计新方法，并建议，要重视和提高道路施工和监理水平，作为龙头，设计院应对道路，尤其是对交叉口和一些复杂路段作详细的竖向设计，并做好施工交底和现场指导工作。区内道路唯有做到"精心设计、认真施工、严格监理、苛刻要求"，才能保证质量。

全书共分七章和三个附录，主要讲述道路及总平面竖向设计原理、方法和实例，附录 A 是方格网土石方计算公式及要求，附录 B 为道路竖向设计步骤（教程），附录 C 为常用道路交叉口竖向设计标准图，并将不断补充和完善，附录 B 和附录 C 仅提供 CAD 可编辑版。

本书的亮度，第一是理论结合工程实践；第二是实用，只要跟着附录 B 所示的步骤做，就可基本掌握道路的竖向设计原理和方法；第三是附录 C 包含大量常用交叉口的竖向设计标准图，随书赠送 CAD 可编辑版，可直接用于工程设计。

本书可供从事道路（厂区、居住区、学校、商业区等工程）、总平面竖向布置的设计师、施工人员、监理工程师和业主使用，也可供总图、道路、建筑和城市规划专业的学生使用。

作者还可提供本书的答疑、竖向设计培训和咨询。

书中附录 B、附录 C 提供网上资源配置，请登录中国建筑工业出版社官网 www.cabp.com.cn→输入书名或征订号查询→点选图书→点击配套资源即可下载。（重要提示：下载配套资源需注册网站用户并登录）

责任编辑：赵梦梅　刘婷婷
责任设计：李志立
责任校对：焦　乐

前　　言

当前，在厂区、居住区、学校、商业区、旅游区等场所，乃至城市道路，普遍存在积水情况，许多道路、人行道、铺砌场地不平顺，或坡度太小，排水不畅；或坡度太陡，不符合规范。

在设计方面，道路纵断面线形应平顺、圆滑、视觉连续，并与地形相适应，与周围环境相协调。但许多设计院，为了排水，就频繁调整道路中心线的纵坡，导致道路纵坡频繁高低起伏，不美观。在平坦地区，有些设计师故意将交叉口标高定的最低，这不符合城市道路设计规范。在交叉口和一些复杂路段，设计师未做详细的竖向设计，施工单位只能凭经验施工。《民用建筑工程总平面初步设计施工图设计深度图样》中，将一些不合理的设计当作范例。

在施工方面，道路施工看似简单，但它要求不低，为了在平坦地区达到0.3%的排水纵坡，需要精确地控制标高。目前，厂区道路通常由建筑工程队施工，他们的道路施工水平和经验普遍不高。如果没有详细的竖向设计，那么，施工后的道路问题不少。

在监理方面，厂区道路的监理单位通常也不是专业的道路监理单位，因此，设计和施工中存在的问题，他们也不能及时发现和纠错。

在业主方面，以往许多业主不重视道路竖向设计。可喜的是，现在有些业主开始重视道路和铺砌场地的排水，例如某乐园和某商业街，业主舍得在这方面花钱，但遗憾的是，有些地方横坡太小，导致排水不畅；而有些地方纵坡太陡，不符合规范，行人可能会摔倒，这很可能是设计不当或施工有问题。

最关键的问题是，大家觉得积点水无妨大碍。例如，雨停了，上海马拉松比赛的终点处积着水，组织者也没想到把积水及时除掉。

作者1983年毕业于同济大学道路工程专业，毕业后一直在设计院做总图运输设计。在长期的设计工作中，本人把公路和城市道路的设计要求和经验与区内道路的特点相结合，在厂区、居住区、学校、商业区等工程的竖向设计中积累了丰富经验。上述存在的种种问题，使作者决定编写本书，其目的是想普及道路及总平面竖向设计原理和方法，并与大家一起共享设计经验，并通过相互交流，一起提高区内道路竖向设计、施工、监理和管理水平。

本书编写离不开浩瀚资料的支持，在此，对所列参考文献和规范的所有编写者致以诚挚的感谢。在编写过程中，还得到刘伟杰、童毅、刘琪、陈健、陈建军、韩瑞生、邢海虹、章资和、余小虎、顾斌、王媛婷、吴双、李建一、陶健、张雷、李凡、陈睢、柴霁、王志强和曹俊坤等的大力支持，在此深表谢意。

编著者

2018年7月

目 录

第一章 区内道路竖向设计传统方法和存在的问题 ················· 1
- 第一节 区内道路竖向设计传统方法 ······························· 1
- 第二节 区内道路竖向设计存在的问题 ····························· 5

第二章 区内道路竖向设计原理和方法 ····························· 16
- 第一节 直线和圆弧段道路竖向设计 ······························· 16
- 第二节 同等级道路相交时交叉口竖向设计 ······················· 25
- 第三节 不同等级道路相交时交叉口竖向设计 ····················· 45
- 第四节 单面坡道路的利弊 ······································· 55
- 第五节 道路路拱形式和合理横坡 ································· 59
- 第六节 雨水口间距和形式的选择 ································· 63

第三章 区内道路一些典型的竖向设计 ····························· 75
- 第一节 一高一低和两侧水平道路的竖向设计 ····················· 75
- 第二节 相邻两侧高另两侧低道路的竖向设计 ····················· 79
- 第三节 大门处道路竖向设计 ····································· 84

第四章 广场、停车场和人行道竖向设计 ··························· 87
- 第一节 广场竖向设计 ··· 87
- 第二节 停车场竖向设计 ··· 90
- 第三节 人行道竖向设计 ··· 91

第五章 总平面竖向布置 ··· 92
- 第一节 总平面竖向布置的基本要求 ······························· 92
- 第二节 总平面竖向布置与道路竖向设计的关系 ··················· 103

第六章 道路和总平面竖向设计实例 ······························· 106
- 第一节 道路竖向设计实例 ······································· 106
- 第二节 广场、停车场和人行道竖向设计实例 ····················· 107
- 第三节 总平面竖向设计实例 ····································· 109

第七章 道路和总平面竖向设计总结 ······························· 114
- 第一节 设计要点汇总 ··· 114
- 第二节 竖向设计总结 ··· 119

附录 A 方格网土石方计算公式及要求 ····························· 122

参考文献 ·· 131

第一章　区内道路竖向设计传统方法和存在的问题

目前，城市道路、厂区、居住区、学校和商业街等道路（以下把厂区、居住区、学校和商业街等这类设计车速较慢的道路统一简称为区内道路或道路）在竖向方面存在较多问题，主要问题是道路不平顺，尤其是道路积水严重。这里有施工问题，但作者认为，根源问题是大家对道路竖向设计和施工不够重视，尤其是设计院没有做好道路竖向设计。

许多设计未对道路，尤其未对交叉口和复杂路段做详细的竖向设计，再加上施工、监理和业主管理时，大家对道路的竖向不够重视，其结果是施工后的道路不平顺，经常积水。

在区内道路工程中，一些设计人员对道路竖向设计的基本原理不够了解，例如，在平坦地区一些设计院故意将交叉口的设计标高定得最低，这是不合理的。因此，很有必要普及和共享这方面的设计知识和经验。

即使在城市道路设计领域，也存在一些问题有待商榷和研讨，例如，《城镇道路路面设计规范》CJJ169—2012第9.2.5条规定："当道路边缘线纵坡度小于0.3%时，可在道路两侧车行道边缘0.3m范围内设锯齿形偏沟"。新规范要求在路边0.3m范围内设锯齿形偏沟，主要是为了保证汽车在路边行驶时更舒适，同时，使机械摊铺沥青混凝土方便，但这样设计将导致路边0.3m范围内平缘石的横坡太陡。

第一节　区内道路竖向设计传统方法

一、调整道路纵坡

在平坦地区，场地的坡度可能小于0.3%或呈水平，为了保证道路排水，一种解决方法是不断调整道路纵坡，使路边保证有不小于0.3%的排水纵坡，如图1-1所示。

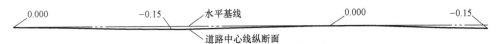

图1-1　道路纵坡调整示意图

这种方法的优点是：

（1）道路横坡比较简单，路面施工、改扩建比较方便；

（2）道路横坡恒定，汽车行驶舒适；

（3）雨水口间距可以设得较大，以减少雨水口和检查井；

（4）如果排水管的排水方向与道路纵坡一致，则管线的覆土深度较小（但如果排水管的排水方向与道路纵坡相反，则管线的覆土深度反而较大）。

这种方法的缺点是：

（1）目前，全球气候变化多端，经常下暴雨，导致地面和道路经常严重积水。如果道路中心线标高呈水平或相差较少，那么，全区的积水深度就比较一致，即积水均不太深，这样对全区的影响不是太严重；而如果道路标高高低起伏，那么，标高较低处的道路和地面就积水较深，导致这些低洼区域的道路交通瘫痪；

（2）道路中心线频繁高低起伏，不美观；

（3）道路中心线频繁高低起伏，会导致路边的地面标高也高低起伏，这既不利于建筑物室外地面和引道的竖向布置，又不美观；

（4）由于经常下暴雨，再加上地面和道路可能发生沉降，或由于管理等问题，实际上，雨水口的间距不宜太大，约30m设一个雨水口比较合适（设计规范规定雨水口间距为25～50m）。

二、锯齿形偏沟设计方法

在平坦地区，场地的坡度如果小于0.3%或呈水平，为了保证道路排水，另一种解决方法是采用锯齿形偏沟。

所谓锯齿形偏沟，通常是在路边一定宽度范围内，将雨水口处的道路横坡加大，在相邻两个雨水口之间，定一个分水点（或称为挑水点），减小或维持分水点处的道路横坡，这样使分水点高于雨水口处的路边标高，即它们之间的路边纵坡达到或稍微大于0.3%，以保证排水。由于路边标高频繁起伏像锯齿，故称为锯齿形偏沟（也称为锯齿形边沟）。

三、《城市道路设计规范》推荐的锯齿形边沟

我国《城市道路设计规范》CJJ 37—90（注：已作废）规定：

（1）道路中心线纵坡度小于0.3%时，可在道路两侧车行道边缘1～3m宽度范围内设锯齿形偏沟，以保证路面排水。

锯齿形边沟的缘石外露高度，在雨水口处 $h_g=18～20$cm；在分水点处 $h_w=10～12$cm。雨水口处与分水点处的缘石高差 h_g-h_w 宜控制在6～10cm范围内。

（2）缘石顶面纵坡宜与道路中心线纵坡平行。锯齿形边沟范围的道路横坡度，随分水点和雨水口的位置而变。条件困难时，可调整缘石顶面纵坡度。

(3) 锯齿形边沟的分水点和雨水口位置见图 1-2，按式（1-1）和式（1-2）计算。

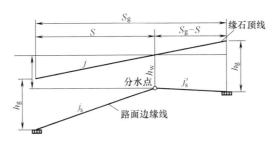

图 1-2　锯齿形边沟计算图

图中：S_g——相邻雨水口的间距（cm）；

S、S_g-S——分水点至雨水口的距离（cm）；

j——道路中心线纵坡度（小数）；

j_s——S 段边沟底的纵坡度（小数）；

j'_s——S_g-S 段边沟底的纵坡度（小数）；

h_g——雨水口处缘石外露高度（cm）；

h_w——分水点处缘石外露高度（cm）。

$$S=(h_g-h_w)/(j_s-j) \tag{1-1}$$

$$S_g-S=(h_g-h_w)/(j+j'_s) \tag{1-2}$$

四、《城镇道路路面设计规范》推荐的锯齿形边沟

《城镇道路路面设计规范》CJJ 169—2012 第 9.2.5 条指出：当道路边缘线纵坡度小于 0.3% 时，可在道路两侧车行道边缘 0.3m 宽度范围内设锯齿形边沟。

规范要求在路边 0.3m 范围内设锯齿形边沟，主要是为了保证汽车在路边行驶时更舒适，同时，使机械摊铺沥青混凝土方便，但它忽视了四个问题：

(1) 在混合交通时，如果交通较繁忙，那么，自行车、助动车可能紧贴路边行驶，而路边 0.3m 范围内的横坡在雨水口处约为 16%~20%，非常陡，见图 1-3；同时，路边易积灰尘，刚下小雨时可能很滑，在这样的情况下，自行车、助动车容易滑倒。

(2) 横行道在靠路边处的纵坡（也就是平缘石的横坡）也可能较陡，如果大于 1:12（即 8.33%），那么，一旦有人滑倒，设计院或施

图 1-3　平缘石实例照片

工单位应负责任,因为,《无障碍设计规范》GB 50763—2012 第 3.1.1 条要求缘石坡道的坡面应平整、防滑;第 3.1.2 条规定,缘石坡道的坡度不应大于1:12。同时,也不符合《民用建筑设计通则》GB 50352—2005 第 5.3.1 条的要求,即步行道纵坡不应大于 8%。

(3) 规范未说明如何在路边 0.3m 范围内调横坡(对于在路边 0.3m 范围内如何设锯齿形边沟,一些市政设计院未对此作详细的研究)。对于沥青混凝土路面,一些市政设计院要求路幅范围内的沥青混凝土保持 2% 的横坡不变,在路边 0.3m 范围内调平缘石的横坡,即挑水点处平缘石的横坡为水平(注:横坡为水平是不太合适的,宜有 1%~2% 的横坡),在雨水口处压低 6cm,即雨水口处平缘石的横坡约 20%(注:该处横坡偏大,不符合上述要求)。

(4) 水泥混凝土路面如何设锯齿形边沟?目前,在开发区、厂区、居住区、学校和商业街等仍大量采用水泥混凝土路面,如果按照《城镇道路路面设计规范》CJJ 169—2012 第 9.2.5 条规定,在路边 0.3m 范围内设锯齿形边沟,那么,水泥混凝土路面在路边也需要增加一块 0.3m 宽的平缘石?对此问题,不知市政设计院是如何考虑的?

因此,城市道路应在锯齿形边沟方面,尤其是对平缘石做一些改进,既让车辆行驶安全和舒适、施工方便,又保证行人,尤其是骑车人的安全。当然,区内道路在这方面也可以做得比城市道路更好。

五、城市道路设计教科书的观点

《城市道路设计》(高等学校教材第二版,吴瑞麟、沈建武编著)认为:

(1) 锯齿形边沟的宽度 b 应视路宽而定,一般不超过一条车道线的宽度;详见图 1-4。

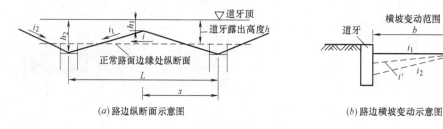

(a) 路边纵断面示意图　　　　(b) 路边横坡变动示意图

图 1-4　锯齿形边沟

(2) 路面宽度大、横坡小时,b 可用较大值;路面宽度较窄、横坡较大时,b 可用较小值;如路面很窄时,则不宜设置。

(3) 设置锯齿形边沟,虽能解决纵向排水问题,但也带来不少弊端,如施工麻烦，路面改、扩建困难，雨水管埋设深度随长度增加而加大，在锯齿形边沟范围内对行车有一定影响。因此，设计时应尽量调整道路纵坡，使其满足最小纵坡的要求，而尽量不用锯齿形边沟。

六、作者的观点

综上所述，作者认为：

（1）传统区内道路频繁调整道路中心线纵坡的方法不太合理。最主要的问题是，如果下大雨，则低洼处的道路和场地可能积水很深，同时，道路频繁高低起伏，不美观，不利于引道、人行道和地面的竖向布置。

（2）城市道路老的锯齿形边沟设置方法（即在路边 1.0～3.0m 范围内调道路横坡）也不适合区内道路。

究竟采取哪种竖向设计方法，将在下一章中讨论。

第二节　区内道路竖向设计存在的问题

一、积水严重

图 1-5 是某开发区内的道路，路面坑坑洼洼，路边较长范围内未设雨水口。

图 1-6 是某城市道路的一个 T 字形交叉口，在两个圆弧段都积水。

图 1-5　道路积水情况

图 1-6　道路交叉口积水情况

图 1-7 是某设计院的内部道路，在一个主要出入口处积水。在正常情况下，应将主要出入口设为分水点，让雨水向两侧排。从图中还可以发现，施工不认真，平缘石没有坡向路边。

【设计要点 01】：在正常情况下，主要出入口的引道与路边的连接点应设为**分水点，让雨水向两侧排。**

图1-8是某设计院的内部道路，引道积水。

【设计要点02】：通常台阶或坡道底标高应比路边标高高一些，以便引道向外排水，保证台阶、坡道和引道不积水。

图1-7　某设计院内部道路积水情况

图1-8　某设计院内部引道积水情况

二、道路横坡太小或扭曲

图1-9　某设计院内部人行道积水情况

图1-9是一条较窄的人行道，没有纵坡，横坡很小，路边只设了非常少的雨水口，一下小雨就积水，人走在上面，鞋子湿了，非常不舒服，绿地中的土经常沾污道路。因此，人行道的纵坡可以跟着绿地景观设计作一些高低起伏，一定要设较大的横坡（如2%）。如果纵坡小于0.3%，则应在路边设明沟或锯齿形边沟。

图1-10是某园区内的一条道路，道路横坡偏小，加上施工不认真，导致路中积水。行人走在上面不舒适，鞋子容易湿。合理的做法是，道路的横坡宜大一些，可取1%~2%，多雨地区宜取2%，以便路上雨水快速排向路边。

【设计要点 03】：道路和人行道的横坡宜大一些，可取 1%～2%，多雨地区宜取 2%，以便路上雨水快速排向路边，只要不影响道路的美观。

图 1-11 是某园区内的一条道路，大部分道路的路中比路边高，但在接近底部与另外一条路交叉时，道路右侧路边标高突然比路中心高，导致雨水流向路中。行人走在上面不舒适，鞋子容易湿。合理的做法是，双面坡道路与其他道路连接时，其道路中心线与路边的交点应定为分水点，让两条路在竖向上顺接，以便雨水向两侧快速排放。

图 1-10　某园区人行道积水情况　　图 1-11　某园区道路积水情况

【设计要点 04】：双面坡道路与其他道路连接时，其道路中心线与路边的交点应定为分水点，让两条路在竖向上顺接，以便雨水向两侧快速排放。道路竖向连接切忌反向，这会导致路面在竖向上扭曲，既难看，又不利于排水。

三、道路、人行道、引道的坡度太大

图 1-12 是某商业区，上面人行道的坡度较合适，但它与路边之间的人行道的坡度太大，不符合规范要求；而且，该段人行道很短，不容易引起注意，如果下雨或下雪，路较滑，容易滑倒。

图 1-13 是上面的同一商业区，台阶底与路边之间接了一段很陡的人行道，这非常危险，这段人行道很短，不易被发现，行人从平坦的台阶下来，突然走在该段很陡的人行道上，非常容易摔倒，尤其是下雨或下雪天，或女士穿着高跟鞋。

图 1-12　某商业区人行道（一）　　　图 1-13　某商业区人行道（二）

四、道路不平顺

图 1-14 是某娱乐园区的一条道路，业主很重视道路的排水，图中可见，雨水口的间距很小，约为 10m。下雨时不积水，但路边纵坡显得偏大，感觉不平顺。好的设计是，道路既平顺，又保证能快速排水。

图 1-15 是某电厂的道路照片，显示雨水口比附近路面低得偏多，导致路边路面不平顺。

图 1-14　某园区路边锯齿形边沟　　　图 1-15　某电厂平箅式雨水口照片

《城市道路设计手册》要求，设置在有立道牙路上的雨水口，应使偏沟路面纵坡在前后 1m、横向 0.5m 范围内坡向雨水口，使雨水口圈低于两侧路面 2～3cm。

《雨水口》（标准图）要求：平箅式雨水口的箅面标高应比周围路面标高低 30mm，立箅式雨水口进水处路面标高应比周围路面标高低 50mm。

《城镇道路路面设计规范》CJJ 169—2012 第 9.2.4 条要求：平箅式雨水口的箅面应低于附近路面 10～20mm，立箅式雨水口进水孔底面应低于附近路面 10mm。

由此可见，标准图要求算面比四周道路低得偏多，其初衷是有利于排水，但它不符合规范，同时，按此施工的雨水口四周道路凹陷偏多，道路显得不平顺。

五、设计方面存在的问题

（1）目前，一些设计院对道路交叉口在竖向设计方面的做法不够合理，不符合规范，例如，《城镇道路路面设计规范》CJJ 169—2012 第 9.51 条规定：**平面交叉口应按竖向设计布设雨水口**，并应采取措施防止路段的雨水流入交叉口。但是，有不少设计人员不理解这一要求，在水平段交叉口处，将交叉口的设计标高定为最低，如图 1-16 所示为某厂中一段道路的竖向设计，总体上该处地面非常平坦，交叉口中心标高为－0.55m，但南侧和东西侧路段的标高都比交叉口中心高，**将交叉口设为最低点，这是非常不合理的**，因为，这样交叉口容易积水，而一旦积水两条路均可能瘫痪。

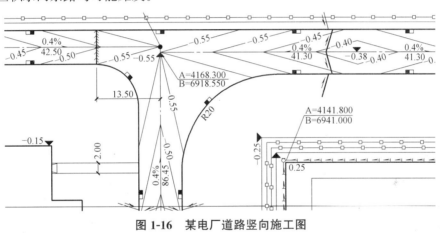

图 1-16 某电厂道路竖向施工图

【设计要点 05】：将交叉口设为最低点，是非常不合理的，因为，这样交叉口容易积水，而一旦积水两条路均可能瘫痪。

（2）图 1-17 为《民用建筑工程总平面初步设计施工图设计深度图样》所展示的范例，图中，停车场与道路连接处是一个 T 字形交叉口，该交叉口未做详细的竖向设计，没有表示清楚南北向道路是双面坡还是单面坡，该路宽约 6m，如果是双面坡，那么，停车场道路在竖向上应接南北向道路的路边（按城市道路设计要求，次要道路在竖向上应接主要道路的路边）；如果是单面坡，那么，对于 6m 宽的道路，采用单面坡不太合适（城市道路要求：雨水口的布置方式应确保有效收集雨水，雨水不应流入路口范围，不应横向流过车行道）。

有些设计将车间引道在竖向上去接双面坡道路的中心线，这是不合理的，理由同上，再加上没有做交叉口竖向设计，原有路边的排水通道很可能被挡住了。

（3）图 1-18 为《民用建筑工程总平面初步设计施工图设计深度图样》所展

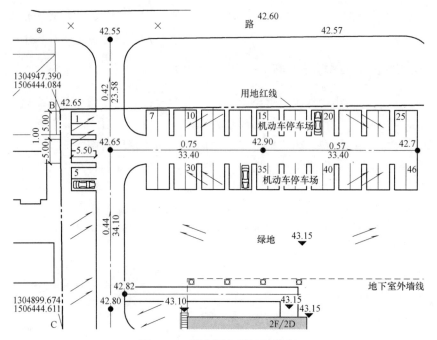

图 1-17　道路竖向设计示意图

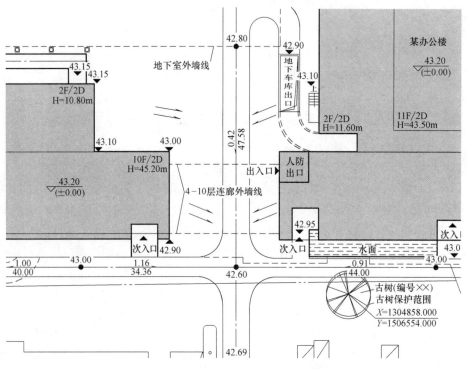

图 1-18　道路和场地竖向设计示意图

示的范例,该基地是比较水平的,但图中的道路交叉口,其上方和左右侧的道路标高比交叉口高,这是不合理的,一旦交叉口积水,两条道路都无法使用。

(4) 图 1-19 为《民用建筑工程总平面初步设计施工图设计深度图样》所展示的范例,地下车库出入口处的标高是 52.30m,其左侧等高线为 52.30m,该区域的设计等高线间隔为 5cm,没有表示清楚该处的竖向设计,施工单位搞不清楚该处的详细设计标高,其结果通常是:该处路面在竖向上不平顺,可能积水。

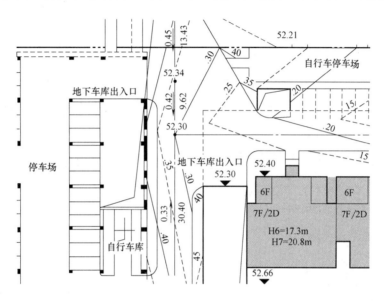

图 1-19 竖向设计示意图

(5) 平缘石的改进

以往上海市政道路采用统一的平缘石,当它的底呈水平,两侧为垂直时,其顶面的坡度约为 10%,如图 1-20 中的实线所示。按新的规定,当道路纵坡小于 0.3% 时,可在道路两侧车行道边缘 0.3m 范围内设锯齿形边沟,为此,有些设计院要求沥青混凝土路面的横坡保持不变,通过调整平缘石的横坡,使路边产生大于 0.3% 的排水纵坡,即分水点处的横坡为零,雨水口处的横坡约为 20%(如果雨水口间距为 30m,路边排水纵坡为 0.3%,则雨水口处的横坡可为 15%,如果路边排水纵坡为 0.4%,则雨水口处的横坡为 20%)。如果采用原先统一的平缘石,如图 1-20 中的虚线所示,那么,无论是横向坡度为零(或 1%),还是 20%(或 21%),该平缘石的两侧已经不垂直了,这表明,无论与路面连接,还是与立缘石连接,都是不合理的,因此,如果要保证平缘石与路面和立缘石连接合理,则应生产多种规格的平缘石,即当它的底为水平,两侧为垂直时,它的顶面坡度有多种规格,并对顶面做防滑处理。

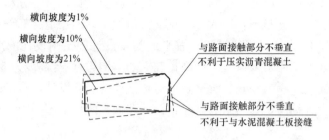

图 1-20 平缘石示意图

（6）水泥混凝土路面设计改进

图 1-21 所示为某厂区道路，设计院在设计水泥混凝土路面时，大多数采用方格网方法对交叉口作竖向设计，有的干脆在路中心线交点处标一个设计标高就完事了。

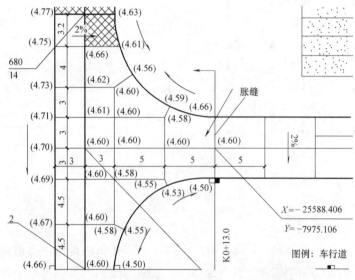

图 1-21 某厂区水泥混凝土路面竖向布置施工图

图 1-21 有 3 个错误，①箭头所指的板，4.58 标高可能是笔误，不该在路中出现一个凹陷点。②箭头所指的板，是一块扭曲的板，既不平顺，又不利于排水。③交叉口中心线相交处的板，它的四个角点的标高分别为 4.61 和 4.60，坡度非常小，不利于排水。由于未作设计等高线分析，因此，交叉口在平顺和排水方面的问题没有被及时发现。**如果采用设计等高线法进行竖向设计，那么，这些问题就会被及时发现。**

（7）沥青混凝土路面竖向设计

图 1-22 为某设计院做的街坊道路，其规模与 16m 宽的市政道路相当。

第一章 区内道路竖向设计传统方法和存在的问题

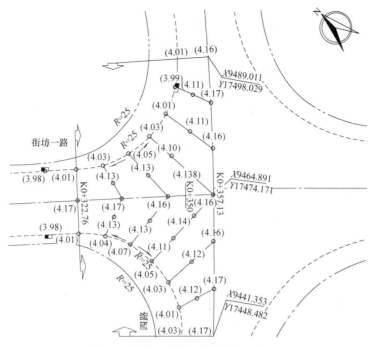

图 1-22 某城市道路交叉口竖向施工图

设计院在提供的交叉口竖向施工图中，仅画了几条辅助线，并提供几个控制标高，未提供详细的设计等高线。

根据图 1-22，绘制交叉口竖向设计等高线，以左上角为基础（假定该交叉口上下左右对称），左右镜像，再上下镜像，得到图 1-23。

从图 1-23 可见，部分区域的设计等高线不圆滑，交叉口中心处的坡度偏小。

为此，对图 1-23 的设计等高线作圆滑处理，得到图 1-24。

通过等高线圆滑处理，交叉口的竖向平顺了一些，但还不够平顺。

在图 1-24 的基础上，作直线、右转和左转分析，即对直线、右转和左转时车轮的轨迹线作纵断面竖向分析，其结果见图 1-25。

从图 1-25 可见，汽车右转是比较平顺的；对于直行来说，汽车行驶其实并不舒适，从纵向看，汽车在靠近另一条路的中心线处，其纵断面是高低起伏的，且坡长很短，同时，横坡也在不断变化。对于左转来说，汽车行驶也不太舒适，从纵向看，汽车在靠近路中心线处，其纵断面是高低起伏的，且坡长很短；同时，横坡也在不断变化。

在道路施工时，会在竖向上作一些平滑处理，使道路在竖向上比较平顺，但平滑处理后道路的排水坡度会变小（图中路中心处的坡度约为 0.3%）。

由于未画详细的设计等高线，因此，交叉口存在的不平顺情况无法及时被发现。

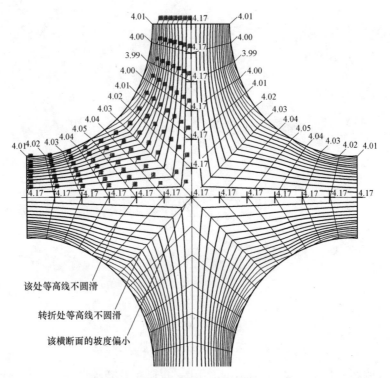

图 1-23　某城市道路交叉口竖向设计图

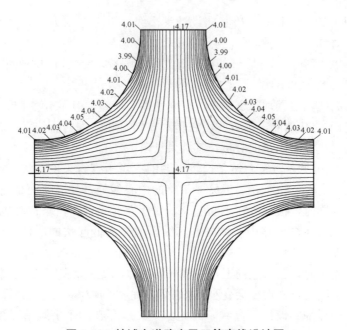

图 1-24　某城市道路交叉口等高线设计图

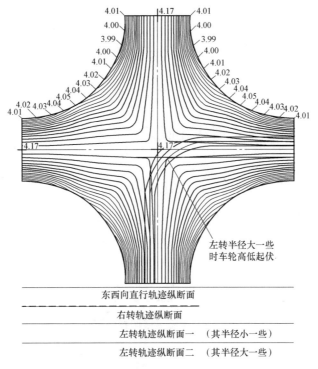

图 1-25 道路交叉口平顺性分析示意图

通过上述图片和例子可见,目前,许多设计院对道路,尤其是对交叉口未作详细的竖向设计,在理解上也存在一些问题,导致道路和交叉口不够平顺,积水比较严重;标准图集《民用建筑工程总平面初步设计施工图设计深度图样》也将一些错误的案例当作是范例。

【设计要点 06】:对交叉口和复杂路段,应采用设计等高线法进行竖向设计,等高线间隔应为 10mm,唯有这样,才能看清交叉口是否平顺,能否通畅排水。

因此,下面章节将详细阐述区内道路竖向设计原理和方法,力求使区内道路在竖向上比较平顺,行车舒适,排水通畅,并与四周场地的竖向设计相协调。

第二章 区内道路竖向设计原理和方法

第一节 直线和圆弧段道路竖向设计

一、道路纵坡宜与场地竖向设计一致

以往区内道路在竖向设计时,如果道路中心线纵坡小于0.3%,那么,为了排水,故意将道路中心线标高抬高和降低,如图2-1所示。

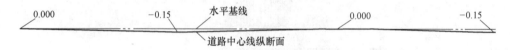

图 2-1 道路纵坡调整示意图

这种方法的优缺点在第一章中已阐述过。

道路纵坡宜与场地的竖向设计相一致,例如,如果场地北高南低,那么,道路纵坡也该北高南低;如果场地很平坦,坡度小于0.3%,那么,道路纵坡也宜与场地的设计坡度相一致,**不该为了排水而频繁调整道路纵坡和地面坡度。**

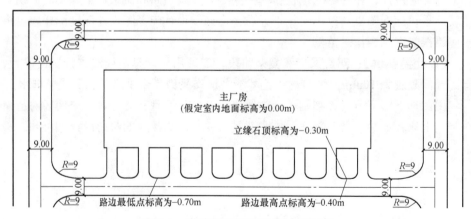

图 2-2 道路和引道竖向设计示意图

在图2-2中,假定场地呈水平,如果主厂房长200m,开了很多门,室内外高差为0.3m,再假定道路立缘石的顶标高比室内地面低0.3m(实际上,立缘石顶标高应比散水坡脚或明沟上沿口还低一点,以便室外地面排水),那么,路边

最高点标高比室内地面低 0.3+0.1(立缘石最低高度)=0.4m。

如果道路 50m 变坡，则高低起伏过于频繁；如果 100m 变坡，则道路高差 0.3m，即道路路边最低处的标高比室内地面低 0.4+0.3=0.7m。

如果用地紧张，建筑的外墙离路边距离只有 6m，那么，引道的最大坡度=0.7m/6m=11.67%（大于 11%，不符合厂矿道路设计规范）；如果外墙离路边距离有 10m，那么，引道的最大坡度=0.7m/10m=7.0%，坡度也偏大。

因此，如果场地的设计坡度小于 0.3%，那么，道路的纵坡宜与场地的设计坡度保持一致，这样布置的好处是道路纵坡与场地竖向设计保持一致，比较美观，方便场地、人行道、引道等的竖向布置，**最主要的目的是防止道路频繁高低起伏，道路频繁高低起伏既不美观，又可能导致低洼处积水太深。**

二、区内道路与城市道路的主要区别

区内道路与城市道路的主要区别在于：

(1) 区内主、次干道的计算行车速度较慢，例如，《厂矿道路设计规范》第 2.3.2 条规定，厂内主、次干道的计算行车速度，宜采用 15km/h。

(2) 交通量一般较小。

(3) 车行道宽度大部分在 4.0~9.0m 之间，一般采用混合交通方式。

三、直线和圆弧段道路竖向设计新方法

对于区内道路的直线和圆弧段，可以认为：

(1) 传统区内道路频繁调整路中心纵坡的方法不太合理。

(2) 城市道路老的锯齿形偏沟设置方法（即在路边 1.0m~3.0m 范围内调道路横坡）也不适合区内道路。

当区内道路中心线纵坡小于 0.3%时，可以采取四种竖向设计方法：

方法一：参照城市道路锯齿形边沟的设计方法，所不同的是，将整幅路（4m 宽单面坡）或半幅路（6m~9m 宽双面坡）的横坡进行变化，即分水点处的道路横坡约为 1.0%~2.0%，在雨水口处约为 2.0%~3.0%，使分水点与雨水口之间的路边纵坡达到或稍微大于 0.3%。

(1) 当道路纵坡为平坡时，使分水点与雨水口之间的高差达到约 45mm，45mm/0.3%=15000mm，即雨水口间距为 15m×2=30m，可按图 2-3 设计。

(2) 当道路纵坡为 0.1%时，雨水口间距采用 30m，可按图 2-4 设计。

(3) 当道路纵坡为 0.2%时，雨水口间距采用 30m，可按图 2-5 设计。

如果区内道路宽度为 12m，对于水泥混凝土路面，则分三块板，中间板的横坡保持不变，通过调整边上两块板的横坡，以保证纵向排水；对于沥青混凝土路面，路中部分可保持横坡不变，通过调整边上路面的横坡，以保证纵向排水。

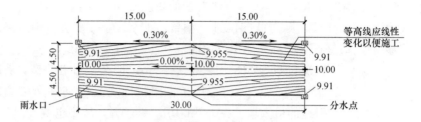

图 2-3　锯齿形边沟竖向设计图（一）

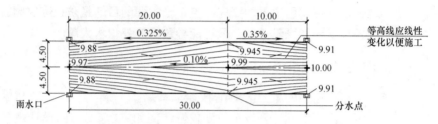

图 2-4　锯齿形边沟竖向设计图（二）

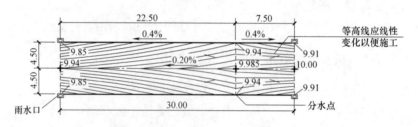

图 2-5　锯齿形边沟竖向设计图（三）

如果区内道路宽度为 15m，对于水泥混凝土路面，则分四块板，中间两块板的横坡保持不变，通过调整边上两块板的横坡，以保证纵向排水；对于沥青混凝土路面，路中部分可保持横坡不变，通过调整边上路面的横坡，以保证纵向排水。

这种方法简单实用。

在直线和圆弧段，做这样的锯齿形边沟设计可使道路平顺，既满足排水和场地竖向设计要求，又方便路面特别是水泥混凝土路面施工，同时，由于区内道路的行车速度较慢，车辆行驶是安全和舒适的。图 2-6 为某厂的已建道路，从图中可见：道路非常平顺，没有积水，立缘石顶基本水平，有利于路边建筑和场地的竖向布置；用不同车速（15～40km/h）测试，感觉较舒适。

图 2-7 所示为上海漕河泾开发区内的一条 8.5m 宽的水泥混凝土道路，它向社会开放交通。

图 2-6　某电厂道路实例

图 2-7　某开发区道路实例

图 2-8 为该路的实测资料，道路中心线坡度基本水平，其分水点和雨水口处的横坡分别约为 2.54% 和 3.27%，通过不同的横坡，使路边产生约 0.3% 的纵坡以保证排水。

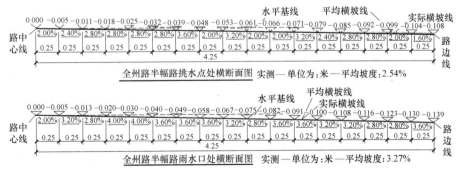

图 2-8　某开发区道路实测横断面图

该路目前使用情况较好,每天有大量车辆通行,车速较高。但由于路边建了高层建筑,导致道路沉降,一下雨路边就有几处地方积水,这进一步证明,道路雨水口的间距不宜太大。

图 2-9 是 2007 年设计的某园区内部道路,它采用沥青混凝土路面。

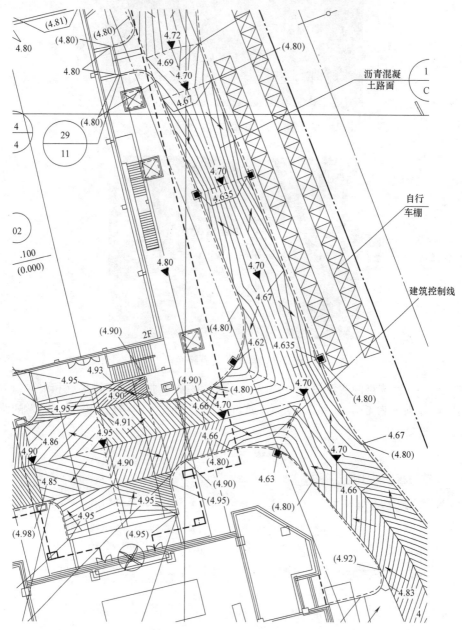

图 2-9 某园区道路竖向布置施工图

图 2-10 是 2017 年 12 月拍的照片。从照片可见，路中心线处经施工处理后显得较平顺。同时，分水点处横坡为 1%，雨水口处的横坡为 2.2%，在保证排水的前提下，直线段显得比较平顺。

图 2-10　某园区道路实例

上述方法适合于厂区、居住区、学校和商业区等设计车速较慢的道路，是否适合于快速道路（如城市道路）未作研究。

方法二：参照城市道路锯齿形边沟的设计方法

《城镇道路路面设计规范》CJJ 169—2012 第 9.2.5 条规定：当道路边缘线纵坡度小于 0.3% 时，可在道路两侧车行道边缘 0.3m 范围内设锯齿形边沟。这种方法的优缺点已在第一章中阐述过。

1. 沥青混凝土路面

沥青混凝土路面一般先施工基层，再施工平、立缘石，最后摊铺沥青混凝土面层。

如果要采取本设计方法，必须先解决下列问题：

(1) 在沥青混凝土边缘画线，禁止非机动车行驶在平缘石上。

(2) 对雨水口附近的平缘石，如果横坡大于 8%（多雪严寒地区大于 4%），则应采取防滑处理，如果非机动车不小心骑在平缘石上，那么，非机动车会产生难受的震动，但应保证不滑倒。

(3) 对平缘石作改进，即当它的底面呈水平以及两侧呈垂直状态时，其顶面应有 1%～16% 的横坡（注：分水点处的横坡宜取 1%～2%，雨水口宜比分水点低 0.045m，可使雨水口间距达到 $2 \times 0.045/0.3\% = 30m$，平缘石宽度一般为 0.3m，$0.045/0.3 = 15\%$，即在保证沥青混凝土横坡不变的前提下，雨水口处平缘石的横坡应比分水点大 15%，如果分水点平缘石的横坡取 1%，则雨水口处平缘石的横坡取 16%）。

(4) 横道线处平缘石的横坡不应大于8%。

在解决了上述问题后，区内道路在竖向设计时，也可采取城市道路的做法，即沥青混凝土路面的横坡保持不变，取1%～2%，分水点平缘石的横坡取1%或2%，雨水口处平缘石的横坡取16%或17%，但这种方法比较麻烦。

2. 水泥混凝土路面

水泥混凝土路面一般先施工基层，然后立模板浇水泥混凝土，再锯缝，最后施工立缘石。水泥混凝土路面通常不设平缘石。

按照《城镇道路路面设计规范》的规定，就需要在立缘石与水泥混凝土面层之间加设0.3m宽的平缘石，像沥青混凝土路面一样设锯齿形边沟。同样，这种方法比较麻烦。

方法三：路边布置排水明沟或排水槽

如图2-11所示，在路边设排水槽或排水沟。

图2-11 某宾馆设排水槽的道路

这种方法可使路面横坡非常平顺、舒适，但需要注意：

(1) 排水槽的排水能力是否满足设计标准，应进行复核；

(2) 目前的排水槽，其强度不够，容易变形；

(3) 目前，有些人素质不高，在排水槽中经常发现有烟蒂、树叶和垃圾，掉入排水槽中的脏物较难清除。

方法四：与路边建筑排水相结合

如图2-12所示，如果道路右边有建筑，那么，该侧道路的竖向设计可结合建筑落水管布置，进行综合设计。如果落水管的间距较小，那么，路边雨水口的间距也可相应缩小，这样布置虽然增加了雨水井和检查井，但有利于落水管的接入，同时，可将街沟平缘石的横坡控制在8%以内。

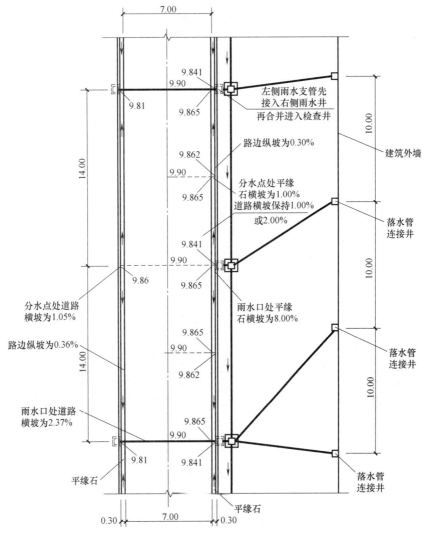

图2-12　道路一侧雨水管布置示意图

如图2-13所示，如果路两侧有建筑，那么，道路在竖向设计时，可结合两侧建筑落水管布置，进行综合设计。假如用地较充足，则可在路两边设雨水管，这样道路下就没有任何雨水管包括雨水支管（**注：对于在路一侧还是两侧设雨水管，应作技术经济比较，并择优选择**）。

综上所述，区内道路的直线和圆弧段宜优先采用方法一进行竖向设计。当路

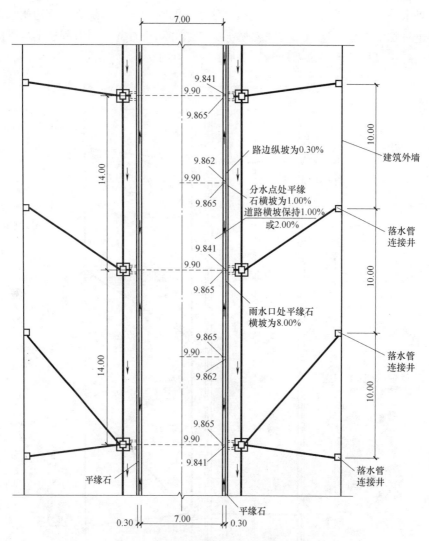

图 2-13 道路两侧雨水管布置示意图

边建筑有较多落水管时，可采取方法四进行竖向设计，如果平缘石宽度加大至 500mm，则雨水口间距可加大至 **23～25m**。

【设计要点 07】：当道路纵坡小于 0.3% 时，区内道路的直线和圆弧段宜将整幅路（4m 宽单面坡）或半幅路（6～9m 宽双面坡）的横坡进行变化，即分水点处的道路横坡约为 **1.0%～2.0%**，在雨水口处约为 **2.0%～3.0%**，使分水点与雨水口之间的路边纵坡达到或稍微大于 0.3%。当路边建筑有较多落水管时，可缩小雨水口的间距，以便就近接入落水管中的雨水，同时，有利于采用城市道路的锯齿形边沟设计方法，或者可缩小分水点与雨水口处的横坡差值，使道路更平顺。

第二节　同等级道路相交时交叉口竖向设计

一、城市道路和公路有关道路交叉口竖向设计的规定

区内道路设计应借鉴城市道路和公路的设计要求和经验，下面摘录一些城市道路和公路有关交叉口竖向设计的规定。

1. 《城市道路设计手册》（北京市市政设计院编制，1985 年出版）第 603 页指出，交叉口竖向设计原则：

（1）同等级道路相交时，其纵断高程在中线交点处衔接；

（2）不同等级道路交叉时，次要道路的纵断与主要道路的路面边缘或机动车道边缘衔接；

（3）在有雨水管道的道路上，应在路口范围设置必要数量的雨水口，尽量不使雨水流入路口范围或流入相交道路上去；

（4）坡度应平顺，外形美观，不积水。

2. 《上海市工程建设规范——城市道路设计规程》DGJ 08-2106—2012 第 7.2.8 条指出：交叉口竖向设计应综合考虑行车舒适、排水通畅、各部位高程的平衡与协调等因素，合理确定交叉口设计标高。并应做到：

（1）交叉口竖向设计，应以次要道路服从主要道路为原则；

（2）交叉口设计范围内的纵坡宜小于或等于 2%，困难情况下不宜大于 2.5%，特殊情况下不应大于 3%；

（3）**交叉口转角范围内的设计横坡宜为 1.0%～1.5%，对于沥青路面最小不应小于 0.8%，对水泥混凝土路面最小不应小于 0.6%；**

（4）**应注意交叉口转角处人行道标高与路段人行道标高的协调，当相交道路路段标高相当，且路段为较缓平坡时交叉口中心点标高宜高于路段标高，并设置变坡点向两侧拉出纵坡；**

（5）**交叉口竖向设计标高还应与周边建筑物的地坪标高相协调；**

（6）交叉口雨水进水口布置及街沟设计应满足路面排水要求。

3. 《公路路线设计规范》JTG D20—2006 第 10.2.2、第 10.2.3 条要求：

（1）平面交叉范围内，两相交公路的纵面宜平缓。纵面线形应满足停车视距的要求；

（2）主要公路在交叉范围内的纵坡应在 0.15%～3% 的范围内，次要公路紧接交叉的引道部分应以 0.5% 至 2.0% 的上坡通往交叉口；

（3）平面交叉的两相交公路共有部分的立面形式及其引道横坡，应根据两相交公路的功能、等级、平纵线形、交通管理方式等因素而定。采用"主路优先"

交通管理方式的交叉，应使主要公路的横断面贯穿交叉（口），而调整次要公路的纵断面以适应主要公路的横断面；当调整纵断面有困难时，应同时调整两公路的横断面；

（4）**平面交叉范围内的路面排水应流畅**，并以此作为立面设计的主要考虑因素之一。

4.《城市道路工程设计规范》CJJ 37—2012 第 7.2.5 条要求：

平面交叉口范围内道路竖向设计应保证行车舒顺和排水通畅，交叉口进口道纵坡不宜大于 2.5%，困难情况下不宜大于 3%，山区城市道路等特殊情况，在保证安全的情况下可适当增加。

5.《城市道路工程设计规范》CJJ 37—2012 第 15.3.2 条要求：

道路的地面水必须采取可靠的排除措施，应保证路面水迅速排除。

6.《城市道路工程设计规范》CJJ 37—2012 第 15.3.5 条要求：

道路雨水口的形式、设置间距和泄水能力应满足道路排水要求。雨水口的布置方式应确保有效收集雨水，雨水不应流入路口范围，不应横向流过车行道。

7.《城镇道路路面设计规范》CJJ 169—2012 第 9.2.2 条要求：

路面排水采用管道或边沟形式。路面排水应综合两侧建筑物散水或街坊排水，并应处理好与城市防洪的关系。

8.《城镇道路路面设计规范》CJJ 169—2012 第 9.2.4 条要求雨水口的设置应符合下列规定：

（1）道路汇水点、人行横道上游、沿街单位出入口上游、街坊或庭院的出入口等处均应设置雨水口。道路低洼和易积水地段应根据需要适当增加雨水口。人行道与车行道之间设有连续绿化带时，人行道内侧宜增设雨水口；

（2）雨水口的间距宜为 25~50m；

（3）雨水口的泄水能力应经计算确定。

9.《城镇道路路面设计规范》CJJ 169—2012 第 9.5.1 条要求：

平面交叉口应按竖向设计布设雨水口，并应采取措施防止路段的雨水流入交叉口。

应参照上述要求，并结合区内道路的特殊性，对交叉口进行详细的竖向设计。

二、同等级道路相交时交叉口竖向设计

当两条同等级区内道路相交时，应参照城市道路和公路的竖向设计原则，即两条道路的纵坡保持不变，而改变它们的横坡。

图 2-14 为典型的区内道路交叉口竖向设计，保持二条道路的纵坡不变，即二条道路的纵断面高程在中线交点处衔接；雨水口宜设在直线段上，以避免与地下管线矛盾，它采用水泥混凝土路面。

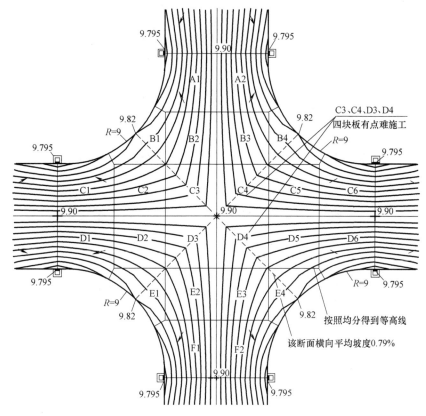

图 2-14 水泥混凝土路面交叉口竖向设计图（一）

该图是按照标高均分原则绘制的，可方便施工；但交叉口中心处的坡度稍微大一些，主要问题是等高线不平顺。

图 2-15 表示，针对 D3 板，如果等高线转折点都必须落在缝上，则交叉口坡度不均衡，中心处坡度只有 0.27%，对排水不利。

图 2-16 表示，针对 D4 板，水泥混凝土路面交叉口中心处的坡度宜取 0.60%～0.80%，现暂取 0.65%。

图 2-17 表示，在标高 9.85 和 9.87 之间再均分标高。

图 2-18 表示，作三根辅助线与 45 度线（9.90 点与 9.82 点的连线）垂直，这三根辅助线即为 9.85、9.86 和 9.87 等高线。

图 2-19 表示，对 9.87 等高线作三等分。

图 2-20 表示，通过等分点作辅助线，与 9.87 等高线垂直。

图 2-21 表示，对辅助线作三等分。

图 2-22 表示，擦掉辅助线。

图 2-23 表示，连接均分点，得到等高线 9.88 和 9.89。

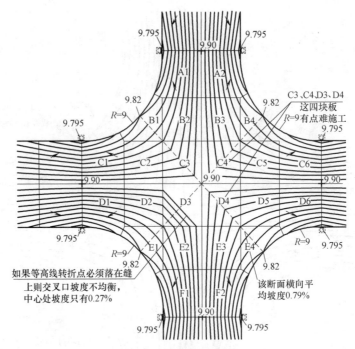

图 2-15 水泥混凝土路面交叉口竖向设计图（二）

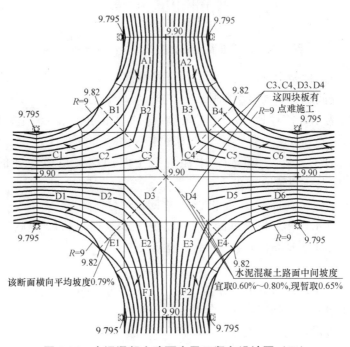

图 2-16 水泥混凝土路面交叉口竖向设计图（三）

第二章 区内道路竖向设计原理和方法

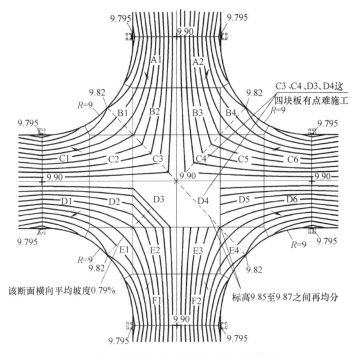

图 2-17 水泥混凝土路面交叉口竖向设计图（四）

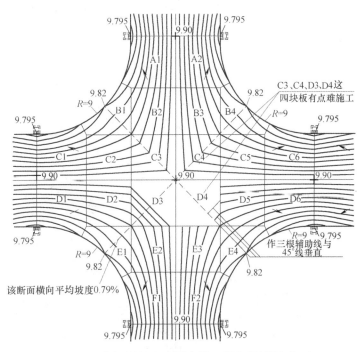

图 2-18 水泥混凝土路面交叉口竖向设计图（五）

29

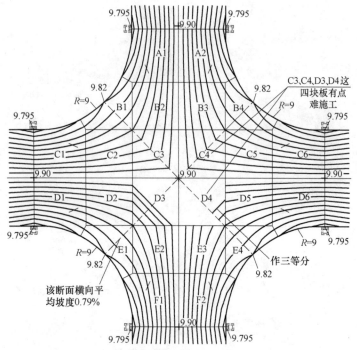

图 2-19 水泥混凝土路面交叉口竖向设计图（六）

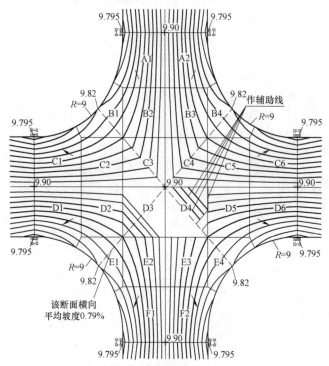

图 2-20 水泥混凝土路面交叉口竖向设计图（七）

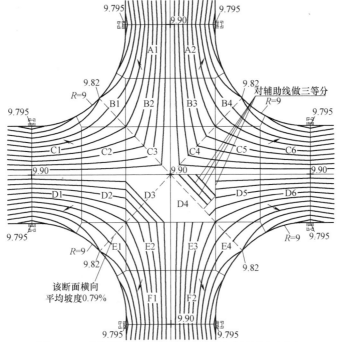

图 2-21 水泥混凝土路面交叉口竖向设计图（八）

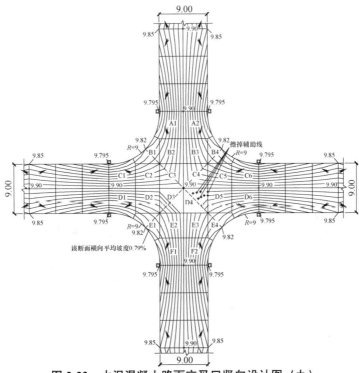

图 2-22 水泥混凝土路面交叉口竖向设计图（九）

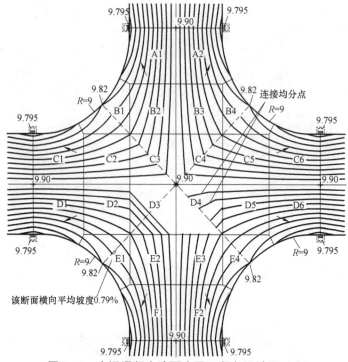

图 2-23 水泥混凝土路面交叉口竖向设计图（十）

图 2-24 表示，擦掉 D5 板中的等高线。

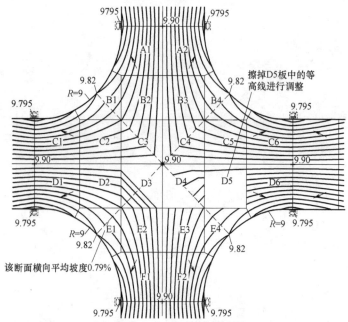

图 2-24 水泥混凝土路面交叉口竖向设计图（十一）

图 2-25 表示，连接 D5 板中的等高点。

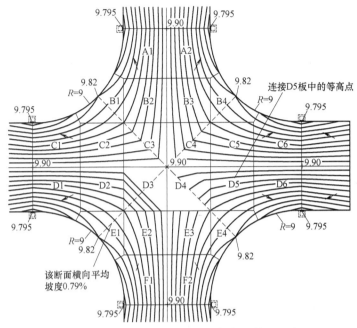

图 2-25 水泥混凝土路面交叉口竖向设计图（十二）

图 2-26 和图 2-27 表示，微调 9.88 和 9.89 等高线，使板更平顺，但这说明施工有一点难度，需要施工单位的配合。

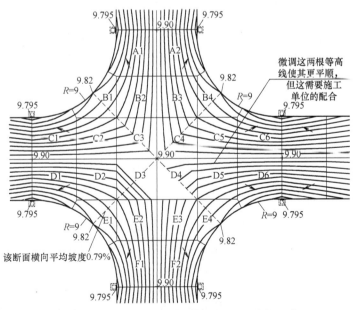

图 2-26 水泥混凝土路面交叉口竖向设计图（十三）

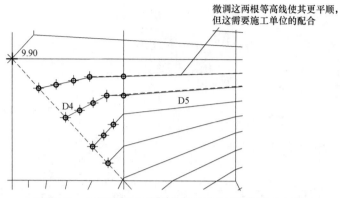

图 2-27 水泥混凝土路面交叉口竖向设计图（十四）

图 2-28 表示，延长 9.85、9.86 和 9.87 这三根等高线至缝上，这说明施工很方便。

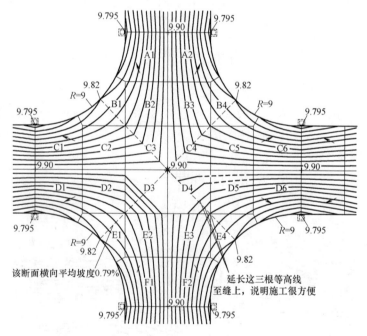

图 2-28 水泥混凝土路面交叉口竖向设计图（十五）

图 2-29 表示，施工队需要特制 T 型振动梁，沿着 9.87 等高线移动。

图 2-30 表示，利用 T 型振动梁，即完成了阴影区的施工，同时，三角区的坡度是比较均衡的，即也是比较容易施工的。

图 2-31 表示，通过镜像，即完成 D4 板的设计（施工），**需要注意的是，D4 板应先于 D5 板和 E3 板施工**，建议 D4、D6、E4 和 F2 板同时施工，以缩短道路

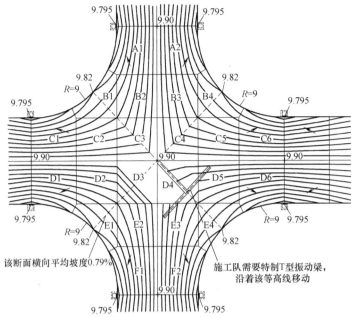

图 2-29 水泥混凝土路面交叉口竖向设计图（十六）

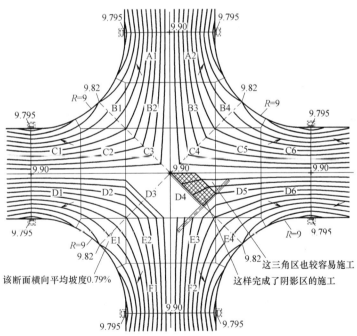

图 2-30 水泥混凝土路面交叉口竖向设计图（十七）

施工周期，然后锯 E4 和 D6 以及 F2 之间的缝，最后施工 D5 和 E3 板。

至此，已完成交叉口竖向设计，如图 2-32 所示。交叉口 45 度线处的平均坡

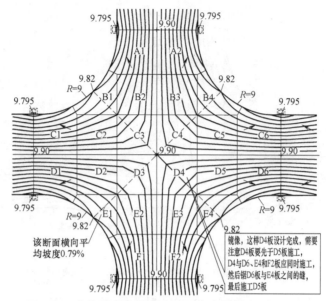

图 2-31 水泥混凝土路面交叉口竖向设计图（十八）

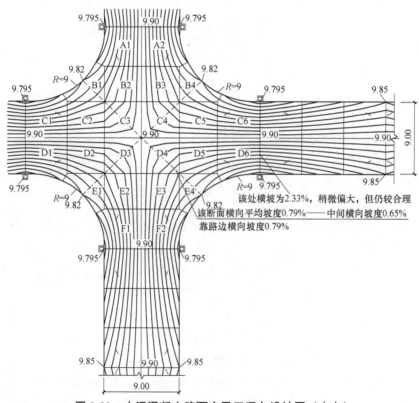

图 2-32 水泥混凝土路面交叉口竖向设计图（十九）

度为 0.79%，交叉口中心处的横坡为 0.65%，靠路边的横向坡度为 0.79%（它们之间的横坡为 1.18%），由于 45 度线是分水点，因此，这样的坡度是合理的，既平顺，又满足排水要求。直圆点处布置雨水口，该处断面的横坡约为 2.33%，非常有利排水。

图 2-33 与图 2-32 类似，但它采用沥青混凝土路面。横断面按抛物线形路拱设计，采用抛物线路拱是科学合理的，路中部分汇水面积小，横坡小一些有利于汽车行驶，同时，满足排水需要；路边因汇水面积大，因此，横坡大一些，有利于排水，同时，也满足慢速车辆和非机动车行驶。

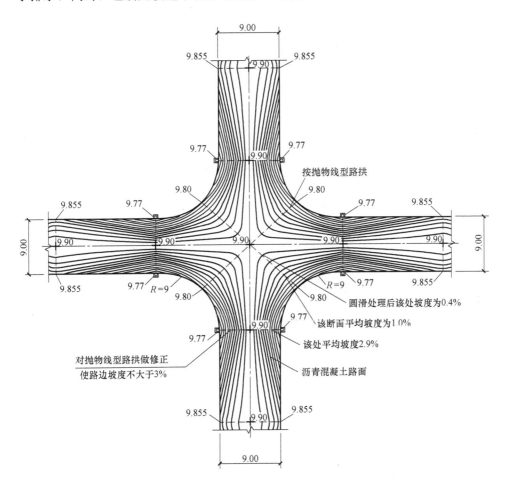

图 2-33 沥青混凝土路面交叉口竖向设计图

图 2-34 也是交叉口竖向设计图，它将雨水口布置在圆弧的中间，同时，将分水点设在直圆点处。

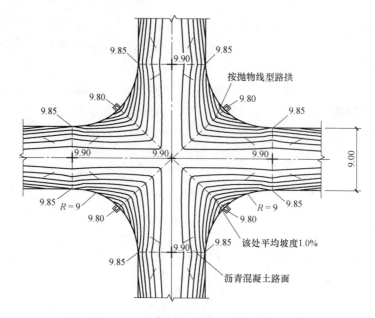

图 2-34 雨水口布置在圆弧中间的竖向设计图

三、关于雨水口的位置

在交叉口，雨水口可以布置在直圆点旁或在圆弧中间处。

1. 布置在直圆点旁的优缺点：

优点（1）：可避免与地下管线发生矛盾。

优点（2）：可采用立箅式或平箅式雨水口，雨水口宜布置在直线段上，如果采用立箅式雨水口，那么，雨水口中心离直圆点的距离应大于进水口侧石（带进水箅子的立缘石）长度的一半；如果采用平箅式雨水口，那么，雨水口中心离直圆点的距离应大于平箅盖板长度的一半。

因此，在直线段，可以采用立箅式或平箅式雨水口。

缺点：直圆点旁雨水口处的横坡可能偏大，原则上该处平均横坡不应大于3%。

2. 布置在圆弧处的优缺点：

优点：可保证直圆点处的横坡保持在一个合理范围内，如1%~2%，使交叉口范围在竖向上更平顺。

缺点（1）：雨水口容易与地下管线发生矛盾；

缺点（2）：通常，平箅式雨水口的盖板以及进水口侧石的形状都是直线型的，它们与圆弧不匹配，尤其是立箅式雨水口，进水口侧石的长度是固定的，而且比较长(如上海市政道路的进水口侧石,其长度统一为0.8m)。而区内道路交叉口的内边缘半径一般较小,需要用较短的立缘石拼接;即较小的圆弧,如果采用较长的立缘石(如带进水箅子的立缘石)去拼接,那么,其圆弧必然不光滑,如图2-35所示。

因此,对于较小的圆弧,如半径小于12m,建议在圆弧段不要采用立箅式雨水口,而采用平箅式雨水口。

四、关于设计等高线的几点看法

(1) 按照传统的观点,等高线的转折点必须落在板缝上,以方便施工。但是,在设计中不可强行要求所有的等高线转折点都必须落在板缝上,这是因为,在交叉口竖向设计时,如果所有的等高线转折点都必须落在板缝上,就会造成局部地方过于平坦,不满足排水要求,或造成局部地方的坡度过大。如图2-29中,交叉口中心处有四块板是较难处理的,如果规定等高线转折点都必须落在板缝上,那么,就必

图2-35 立箅式雨水口实例

须按左下角设计,其结果是:施工方便了,但坡度过于平坦(合成坡度约为0.27%),不满足排水要求。

合理的做法是,等高线转折点应该尽量落在分缝上,但对于一些特殊情况,如交叉口,应按上面叙述的方法作特殊处理,虽然施工有点难度,但唯有这样,交叉口才能做到既平顺,又满足排水要求。

(2) 关于直线和圆弧段

对于水泥混凝土路面,其两条胀缝之间的直线和圆弧段通常是一次性施工的,即先浇混凝土,再锯横向缩缝。另外,水泥混凝土路面通常按半幅路方法施工,即一条6~9m宽的道路,先施工一半,再施工另一半,因此,待基层施工完成后,在半幅路的两侧立模板,振动梁架在模板上对水泥混凝土进行振捣。

由此可见,对于水泥混凝土路面的直线和圆弧段,重要的是需要保证每一块板的横向坡度是均衡的,即标高沿每一块板的横向是呈直线变化的;对于三块或四块板组成的混凝土路面,相邻两块板的横坡可以不一样(实际上,边上板的横坡宜比中间板的横坡大一些,中间板横坡小一些,让车辆快速通行,边上板横坡大一些,也适合慢速车辆通行,同时,有利于排水),**但每一块板的横向标高必须呈直线变化。**

五、平顺性分析

对水泥混凝土路面交叉口作平顺性分析，如图 2-36 所示，从车辆行驶分析可见，汽车右转是比较平顺的。对于直行来说，汽车行驶其实不太舒适，从纵向看，汽车在靠近另一条路的中心线处（D3、D4 板处），其纵断面是高低起伏的，且坡长很短，同时，横坡也在不断变化。对于左转来说，汽车行驶也不太舒适，从纵向看，汽车在靠近路中心线处（C5、D4、D3、E2 板处），其纵断面是高低起伏的，且坡长很短，同时，横坡也在不断变化。

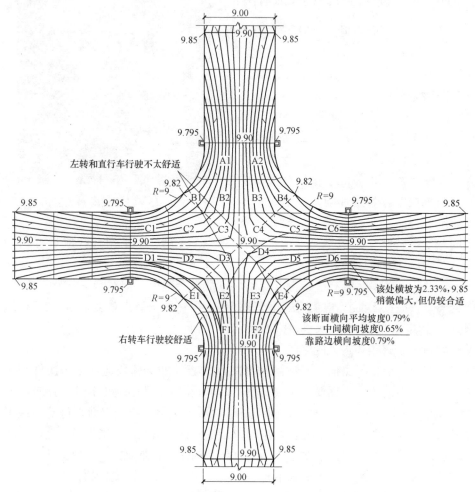

图 2-36　水泥混凝土路面交叉口平顺性分析图

对沥青混凝土路面交叉口作平顺性分析，如图 2-37 所示，从车辆行驶分析可见，汽车右转是比较平顺的。对于直行来说，汽车行驶其实不太舒适，从纵向看，汽车在靠近另一条路的中心线处，其纵断面是高低起伏的，且坡长很短，同时，横坡也在不断变化。对于左转来说，汽车行驶也不太舒适，从纵向看，汽车在靠近路中心线处，其纵断面是高低起伏的，且坡长很短，同时，横坡也在不断变化。

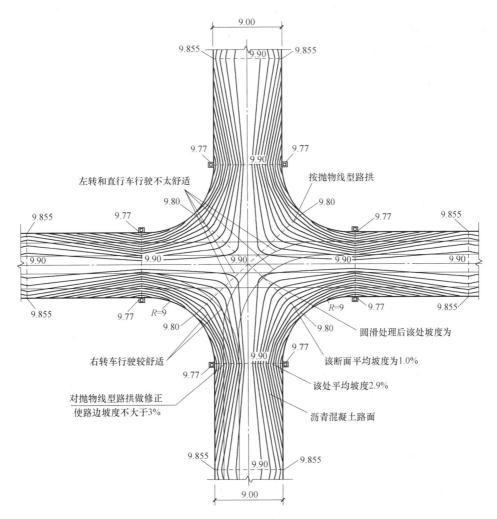

图 2-37 沥青混凝土路面交叉口平顺性分析图

沥青混凝土路面通常要比水泥混凝土路面更平顺一些。

从表面上看，道路中心线好像很平顺，但实际上车辆在直行和左转时，并不很平顺。

【设计要点 08】：（1）道路交叉口尽量正交，斜交的水泥混凝土路面交叉口很难分缝和竖向设计以及施工。（2）水泥混凝土路面交叉口 45 度线的平均坡度宜采用0.8%，交叉口中心处的坡度宜取0.6%，这既可以保证交叉口中心处较平顺，又满足排水需要；路边坡度约1%，以便保证排水。（3）沥青混凝土路面交叉口45度线的路拱宜采用抛物线形，其平均坡度宜采用0.8%～1.0%，交叉口中心处的坡度宜取0.5%，这既可以保证交叉口中心处较平顺，又满足排水需要；路边坡度约为1%，以便保证排水。（4）雨水口应根据具体情况，布置在直圆点旁或圆弧中间。（5）水泥混凝土路面交叉口施工有一定难度，因此，这样的连接方式宜少采用。（6）由于交叉口中心处的坡度偏小，因此，应特别确保交叉口范围内的道路施工质量，以防路面路基出现沉降和车辙，因为一旦出现一点沉降和车辙，就可能导致路上积水。

六、两个实例

1. 实例一

图2-38是一个在建工程的道路竖向施工图，该交叉口采用水泥混凝土路面，其45度处的横坡，靠路中心处约为1.2%，靠路边约为1.29%。

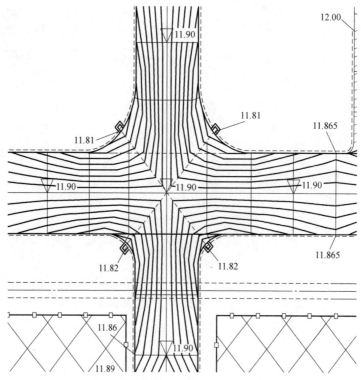

图2-38 某电厂水泥混凝土路面交叉口竖向布置施工图

图2-39～图2-42是现场照片。

图 2-39　某电厂水泥混凝土路面交叉口现场照片（一）

图 2-40　某电厂水泥混凝土路面交叉口现场照片（二）

图 2-41　某电厂水泥混凝土路面交叉口现场照片（三）

图 2-42　某电厂水泥混凝土路面交叉口现场照片（四）

从图片中可见：

（1）施工队按施工图施工，在竖向上做得较好，据警卫员反映，该处交叉口下雨时不积水。

（2）用30km/h车速直行，以及用25km/h车速左转时，感觉比较平顺，没有跳动，没有感觉左右摇晃。

（3）施工队没有按设计的分缝要求施工，导致分缝不合理。

（4）立缘石做得很差。

（5）因此，设计应完整、精细，并进行详细的施工图交底，以及常去现场指导。

2. 实例二

图2-43是2007年设计的园区道路，它采用沥青混凝土路面，这是一个典型的T字形交叉口。

图2-44～图2-46是2017年10月拍的照片。

该交叉口45度处的横坡为0.93%，在保证良好排水的前提下，交叉口显得比较平顺。

下一节将讨论不同等级道路相交时交叉口的竖向设计。

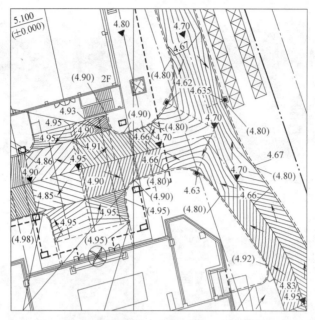

图 2-43 某园区沥青混凝土道路交叉口竖向布置施工图

图 2-44 某园区沥青混凝土道路
交叉口现场照片（一）

图 2-45 某园区沥青混凝土道路
交叉口现场照片（二）

图 2-46 某园区沥青混凝土道路交叉口现场照片（三）

第三节 不同等级道路相交时交叉口竖向设计

一、不同等级道路相交时交叉口竖向设计

当不同等级道路相交时，按城市道路设计原则，次要道路的纵断面与主要道路的路边或机动车道边缘衔接，这一原则同样可用于区内道路。

图 2-47 所示为一段典型的区内道路，次干道在竖向上接主干道的路边，其中心线标高比主干道中心线标高低 0.1m。

在图 2-47 中，支路应接次干道或主干道的路边，但由于该次干道已经比主干道低了，因此，支路宜比次干道高一些，这样，整个道路网的标高比较接近，地面标高也可以比较一致，这有利于整个场地的竖向布置。

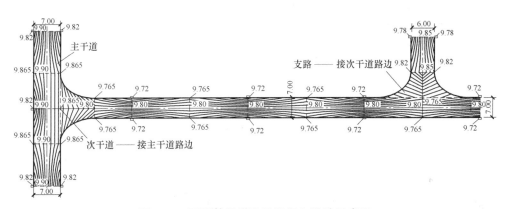

图 2-47 不同等级道路连接竖向设计示意图

图 2-48 为图 2-47 所示的道路交叉口的竖向设计放大图。从图中可见，道路连接非常平顺，并满足排水需要。在图 2-48 中，可以灵活调整靠近交叉口的雨水口位置，如果为了让交叉口处的雨水更快排除，则可以将雨水口靠近交叉口布置；如果为了兼顾直线段的排水，则可以将雨水口稍微离交叉口远一点布置。

图 2-49 也是图 2-47 所示的道路交叉口的竖向设计放大图。由图可见，道路连接非常平顺，并满足排水需要。**6m 宽的支路，采用双面坡，其中心线接路边的分水点，这样顺接最合理，既平顺，又可以快速排水。**

图 2-50 表示次干道接主干道的路边，它采用水泥混凝土路面，等高线转折点都落在板缝上，说明水泥混凝土板能方便施工，同时，道路连接非常平顺，并满足排水需要。

图 2-51 表示支路接次干道的路边，它采用水泥混凝土路面，等高线转折点都落在板缝上，说明水泥混凝土板能方便施工，同时，道路连接非常平顺，并满

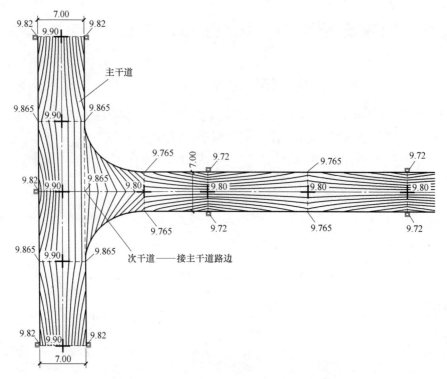

图 2-48 次干道接主干道竖向设计示意图

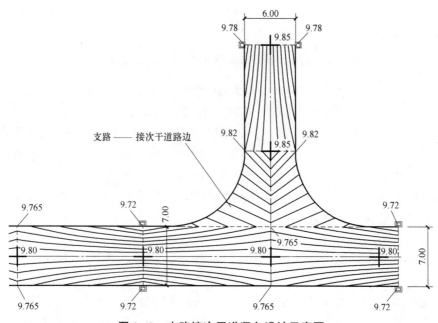

图 2-49 支路接次干道竖向设计示意图

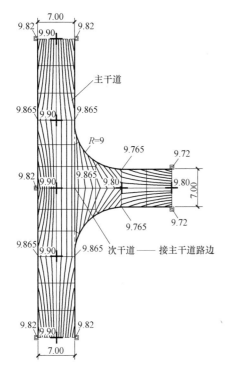

图 2-50 水泥混凝土路面主次干道交叉口竖向设计示意图（一）

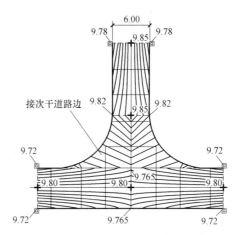

图 2-51 水泥混凝土路面支路接次干道竖向设计示意图

足排水需要。

上述连接和竖向设计的好处是：

(1) 主干道的纵横坡维持不变，即保证主干道畅通无阻。

(2) 次干道与主干道相连，交叉口在竖向上非常平顺，比同等级道路连接更平顺。

(3) 次干道与主干道相连的交叉口，每块水泥混凝土板都可以方便施工。

(4) 主干道比次干道高 0.1m，使主干道相对不易积水或积水深度小一点。

次干道比主干道低 0.1m，相对容易积水或积水深度大一些，这有弊也有利，但 0.1m 高差还是比较小的，此外，也可以通过调节立缘石高度以及路边至建筑外墙之间的地面标高来加以调节，城市道路规定雨水口处的立缘石高度宜为 0.18～0.20m，分水点处的立缘石高度宜为 0.10～0.12m。

图 2-52 是将图 2-48 改为十字形交叉口，并对直行、右转和左转车辆做纵断面分析，虚线是水平基线，实线是车辆中心线处路面的纵断面线，从图中可以看到，主干道上车辆直行纵断面保持不变；次干道的直行比较平顺，虽然在纵向上有变化，但坡长有 3s 的行驶长度（15km/h=4.17m/s，4.17m/s×3s=12.5m）。

在交叉口的右转和左转也是比较平顺的。

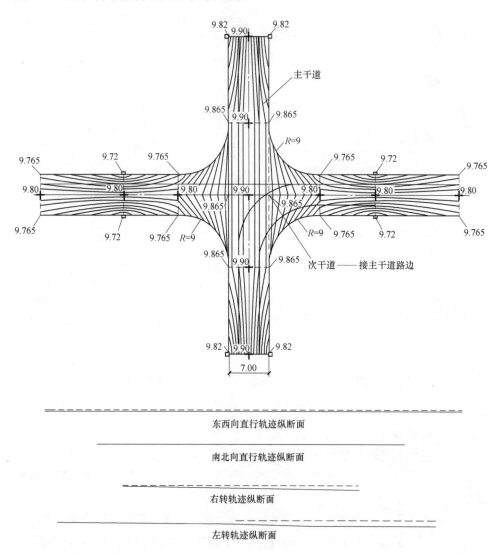

图 2-52 主次干道相连十字路口平顺性分析图 (一)

图 2-53 所示为一个典型的区内道路交叉口，次干道在竖向上接主干道的路边，为了使次干道的标高接近主干道，使整个区域的道路和地面标高比较接近，有利于建构筑物的竖向布置，特将次干道的中心标高定的比主干道只低 0.06m，由图可见，在交叉口范围内，等高线转折点都落在板缝上，这说明水泥混凝土板能方便施工。

图 2-54 是由图 2-53 去掉分缝后的竖向设计图，从中可见，竖向连接还是比较平顺的。

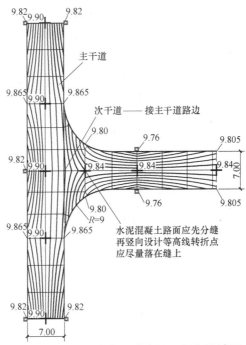

图 2-53 水泥混凝土路面主次干道交叉口竖向设计示意图（二）

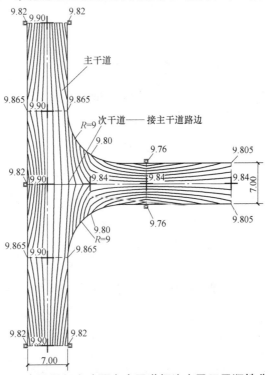

图 2-54 水泥混凝土路面主次干道相连交叉口平顺性分析图

图 2-55 是将图 2-54 改为十字形交叉口，并对直行、右转和左转车辆做纵断面分析，虚线是水平基线，实线是车辆中心线处路面的纵断面线，从图中可以看到，汽车在直行、右转和左转时是比较平顺的。

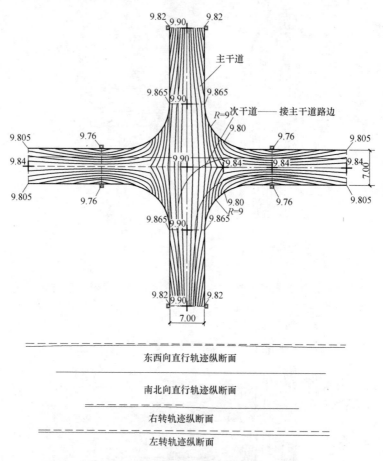

图 2-55　主次干道相连十字路口平顺性分析图（二）

图 2-56 是同样的交叉口，但采用沥青混凝土路面，由等高线图（间隔 1cm）可见，既能保证排水，又比较平顺（比水泥混凝土路面更平顺）。

图 2-56 与图 2-50 相比，说明次干道比主干道低 0.1m，可使等高线显得更平顺，同时，更有利于排水。

因此，在确定道路控制标高时，应对竖向布置方案作综合比较。

二、两个实例

1. 实例一

图 2-57 是某工程一个交叉口的竖向施工图。

第二章 区内道路竖向设计原理和方法

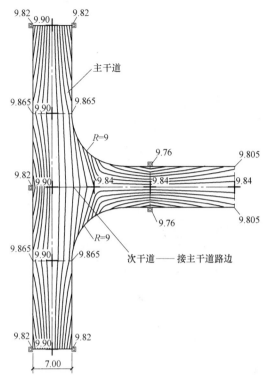

图 2-56 沥青混凝土路面主次干道相连交叉口竖向设计示意图

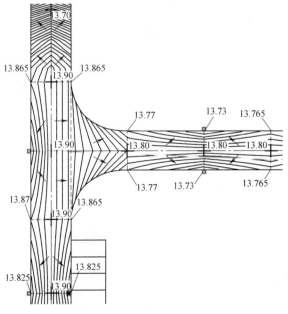

图 2-57 某工程主次干道相连交叉口竖向布置施工图（一）

图 2-58 是图 2-57 的现场照片，从照片可见，远处右侧次干道接主干道时，其纵断面是比较平顺的。

图 2-59 是该交叉口的靠近照片，从照片中可见，该交叉口在竖向上是比较平顺的。

图 2-60 也是上面道路交叉口的照片，从次干道方向拍摄，从照片中可见，交叉口是比较平顺的。

图 2-58 某工程主次干道相连交叉口现场照片（一）

图 2-59 某工程主次干道相连交叉口现场照片（二）

图 2-60 某工程主次干道相连交叉口现场照片（三）

2. 实例二

图 2-61 是某工程另一个交叉口的竖向施工图。

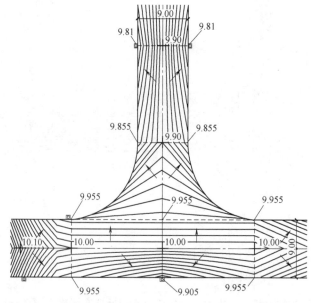

图 2-61 某工程主次干道相连交叉口竖向布置施工图（二）

图 2-62 是按图 2-61 施工后的照片，从中可见，交叉口是比较平顺的。

图 2-63 是另一方向拍摄的照片，从中可见，次干道接主干道的路边，主干道和交叉口非常平顺，次干道在纵向上也是平顺的。

图 2-64 是上面照片的近照，从中可见，次干道接主干道的路边，主干道和交叉口非常平顺，次干道在纵向上也是平顺的。

图 2-62　某工程主次干道相连交叉口现场照片（四）

图 2-63　某工程主次干道相连交叉口现场照片（五）

图 2-64　某工程主次干道相连交叉口现场照片（六）

三、次干道与主干道的灵活连接

1. 在水平地段，当二条同等级道路相交时

按城市道路和公路竖向设计原则，要求保持两条道路的中心线不变，其纵断高程在中线交点处衔接。

在水平地段的区内道路，当二条同等级道路相交时，可参照城市道路和公路竖向设计原则，但也可以作灵活调整，即在水平地段，当二条同等级道路相交时，可比较三种竖向设计方法，并择优选择。

方法一：在半径圆弧中间处设雨水口，如图 2-65 所示，其优缺点在上面已经阐述过。

方法二：半径圆弧中间处设为分水点，在直圆点外侧直线段处设雨水口，其优缺点在前面已经阐述过。

方法三：方法一和方法二有一个小缺点，即交叉口处还不够平顺，特别是有些水泥混凝土板施工有一定难度，**因此，可以考虑，人为地将其中一条道路定为**

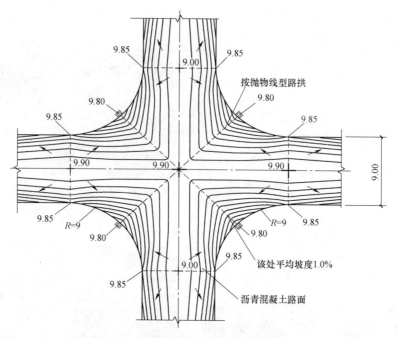

图 2-65 雨水口布置在圆弧中间的竖向设计图

次干道,采用次要路接主干道路边的竖向设计方法,这样可以方便施工,使道路更平顺,这也许是一种更合理的竖向设计方法。

2. 在水平地段,当二条不同等级道路相交时

按城市道路和公路竖向设计原则,要求次干道接主干道的路边。

当二条不同等级的区内道路相交时,可参照城市道路和公路竖向设计原则,但也可以作灵活调整,例如,当区内道路的路网比较密集时,如果机械地参照城市道路的设计原则,那么,其结果是次干道的纵断面高低频繁起伏,显得不美观。**因此,首先要合理布置路网,一般情况下,交叉口间距不该偏小。**

如果次干道与主干道交叉,那么,在两种情况下,可以把次干道当作主干道进行竖向设计:

(1) 路网过于密集,将次干道当作与主干道同等级道路进行竖向设计,这样,也可使次干道中心线保持平顺,而不会使次干道的纵断面显得高低频繁起伏。

(2) 为了使次干道两侧的地面保持与主干道两侧的地面一样高低,这时,可人为地将次干道当作与主干道同等级道路进行竖向设计,这样,可使次干道与主干道两侧的地面保持一致。

【设计要点09】:要合理布置路网,一般情况下,交叉口间距不该偏小。区内道路交叉口竖向设计,既要参照城市道路和公路的设计原则,又应该结合区内

道路的实际情况（城市道路交叉口的间距一般较大，而区内道路交叉口的间距可能很小），采取灵活、合理的竖向设计方法，例如，两条同等级的道路相交，有时可人为地将其中一条道路降为低一级道路，让它去接另一条道路的路边。反之，也可人为地提高次要道路的等级，让它去接另一条主要道路的路中心标高。

第四节　单面坡道路的利弊

一、单面坡道路的利弊

1. 单面坡道路的好处

如图 2-66 所示，单面坡道路的好处是可以减少排水设施的投资和占地，如减少雨水口、检查井数量和缩短排水管长度。

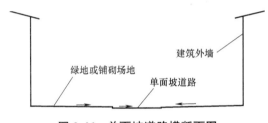

图 2-66　单面坡道路横断面图

2. 单面坡道路的缺点

单面坡道路的缺点：

（1）如果单面坡道路高的一侧路边为荒地，或绿地中有裸土，那么，雨水可能夹着泥土越过道路，即把道路搞脏了。因此，单面坡道路高的一侧的路边空地应做好绿化，保证下雨时不会把泥土带到道路上；

（2）如果单面坡道路高的一侧路边为较宽的铺砌场地，那么，大量雨水会越过道路，使路上积一层水，导致人走在路上不舒服，汽车经过时使水飞溅；

（3）单面坡道路不利于交叉口排水，如图 2-67 所示，当单面坡道路与主干道交叉时，部分路面上的雨水会越过交叉口和路段，部分路面上的雨水的排水路径不短捷，这不符合城市道路交叉口竖向设计原则。

（4）单面坡道路不利于交叉口竖向设计，如图 2-68 所示，图中东西向道路采用北高南低单面坡，其中心线呈水平，在平坦地区，南北向道路的中心线很可能呈水平。单面坡道路为了接南北向道路，需要将北高南低的单面坡变成水平，由于没有纵坡，横坡又为零，那么，过于平坦的道路肯定不满足排水需要。

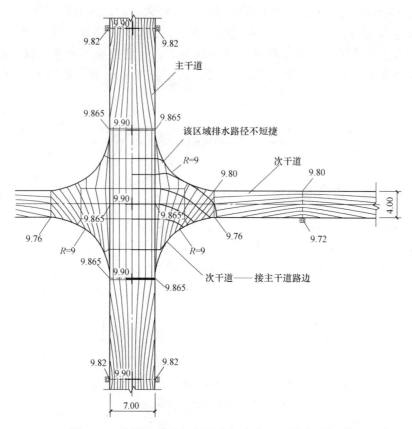

图 2-67 单面坡道路与主干道相连交叉口排水分析图

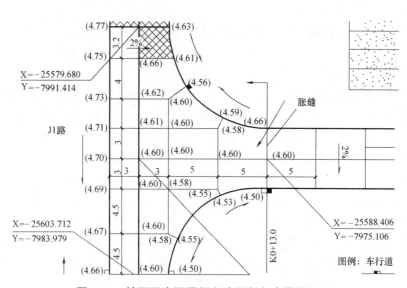

图 2-68 某厂区水泥混凝土路面竖向布置施工图

二、单、双面坡道路的选择

1. 宽度大于等于6m的道路

在区内道路设计中,如果道路宽度大于等于6m时,则原则上采用双面坡,这有利于道路排水,同时,可以兼顾收集道路两边地面上的雨水。

2. 宽度为4m的道路

在区内道路设计中,如果道路宽度为4m时,那么,是取单面坡还是双面坡,就比较难选择。

(1) 方法一:维持4m宽不变,并采用双面坡,其优点是有利于道路排水,尤其是有利于排除道路两侧空地的雨水。

需要注意的是,分水点处的横坡宜取1.0%~1.5%,雨水口处的横坡宜取3%(不该大于3%,**窄的道路,其横坡宜大一些,尤其是雨水口处的横坡应大一些,以便排水**),两者相差2%,2%×2m=0.04m,0.04m/0.3%=13.33m,即雨水口间距可以做到13.33m×2=26.66m;同时,应优先采用平箅式雨水口,并适度增加排水能力(窄的道路,一旦积一点水,则整条路都积水)。图2-69为法国一条约4m宽的道路,它采用双面坡和立箅式雨水口。

(2) 方法二:是将道路加宽至4.5m,并采用双面坡,其优点是有利于车辆会车(当一辆轿车靠边停下时,

图2-69 法国某老城区道路

有利于对方车辆通过)和道路排水,尤其是有利于排除路两侧空地的雨水。

需要注意的是,分水点处的横坡宜取1.0%~1.5%,雨水口处的横坡宜取3%(不该大于3%),两者相差2%,2%×2.25m=0.045m,0.045m/0.3%=15m,即雨水口间距可以做到15m×2=30m;同时,应优先采用平箅式雨水口,并适度增加排水能力。其缺点是增加一点道路面积。

(3) 方法三:是将道路加宽至6m,并采用双面坡,其优点是有利于车辆会车和道路排水,尤其是有利于排除路两侧空地的雨水;其缺点是增加道路面积。

(4) 方法四:是将道路维持4m宽度不变,并采用单面坡,但应做好空地的绿化,以防雨水夹带泥土越过道路;如果路边至建筑外墙之间的铺砌场地面积较大,或无法保证雨水不夹带泥土越过道路,则应在高的一侧路边设排水明沟以截

住雨水越过道路。同时，应优化单面坡道路与其他道路的竖向衔接，尽量顺接，如图 2-70、图 2-71 所示。

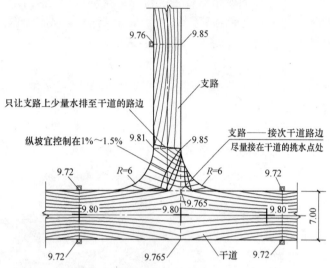

图 2-70　支路与次干道相连交叉口竖向设计分析图（一）

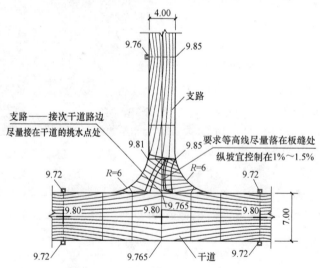

图 2-71　支路与次干道相连交叉口竖向设计分析图（二）

图 2-70 中，支路尽量接在主干道路边的挑水点处，支路直线段上的雨水尽量不排入交叉口，其横坡方向应与相连道路的路边纵坡方向尽可能一致。

图 2-71 中，支路尽量接在主干道路边的挑水点处，支路直线段上的雨水尽量不排入交叉口；水泥混凝土路面应先分缝，相邻板的接缝应对齐，不得错缝。等高线尽量落在板缝处，其横坡方向应与相连道路的路边纵坡方向尽可能一致。

3. 宽度小于 4m 的道路

宽度小于 4m 的道路或人行道，可以采用下列设计方法：

（1）方法一：放宽道路或人行道，采用双面坡。

（2）方法二：维持道路宽度不变，采用单面坡，但应做好空地的绿化，以防雨水夹带泥土越过道路；如果路边至建筑外墙之间的铺砌场地面积较大，或无法保证雨水不夹带泥土越过道路，则应在高的一侧路边设排水明沟以截住雨水越过道路。同时，应优化单面坡道路与其他道路的竖向衔接，尽量顺接，如图 2-70、图 2-71 所示。

对于窄的轻型道路（车辆荷载较轻）和人行道，用传统竖向方法较难设计，可以尝试透水路面，但应注意长久的排水效果和造价。

【设计要点 10】：（1）如果道路宽度大于等于 6m 时，则原则上采用双面坡。（2）小于等于 4m～4.5m 宽的道路，可加宽或维持道路宽度不变，采用双面坡道路；这时半幅路较窄，其横坡宜大一些，尤其是雨水口处的横坡应大一些（如取 3.0%），并宜优先采用平箅式雨水口，并适度增加排水能力。（3）小于等于 4～4.5m 宽的道路，也可采用单面坡道路，但应做好空地的绿化，以防雨水夹带泥土越过道路；如果路边至建筑外墙之间的铺砌场地面积较大，或无法保证雨水不夹带泥土越过道路，则应在高的一侧路边设排水明沟以截住雨水越过道路。同时，应优化单面坡道路与其他道路的竖向衔接，尽量顺接。

第五节 道路路拱形式和合理横坡

一、道路路拱形式

1. 单面坡道路

（1）较宽的道路，其横断面应优先采用双面坡。

（2）**较窄的路，其横断面是采用双面坡，还是单面坡，需要作综合比较，并择优选择。**

（3）因此，单面坡道路的宽度原则上应小于 6m，无论是水泥混凝土，还是沥青混凝土路面，其横断面均为直线型。

（4）当道路纵坡大于等于 0.3% 时，建议横坡采用 1.0%～2%，道路宽度小，以及降雨量大的地区宜采用 2.5%～3%（但不应大于 3%）。

（5）当道路纵坡小于 0.3% 时，可采用锯齿形边沟，即调整整幅路的横坡，在分水点处的横坡为 1.0%～2.0%，雨水口处的横坡为 2.0%～3.0%，横坡不应超过 3.0%。

2. 水泥混凝土双面坡路面

（1）当道路纵坡大于等于 0.3% 时，可采用折线型路拱，建议横坡采用

1.0%～2%，道路宽度小，以及降雨量大的地区宜采用 2.5%～3%。

（2）当道路纵坡小于 0.3% 时，可采用锯齿形边沟，即调整半幅路的横坡，在分水点处的横坡为 1.0%～2.0%，雨水口处的横坡为 2.0%～3.0%，横坡不应超过 3.0%。

（3）大于等于 12m 宽的道路，当道路纵坡小于 0.3% 时，可采用锯齿形边沟，中间部分的横坡取 1.0%～1.5%，并保持不变，仅调整边上板的横坡，即分水点处的横坡宜为 1.0%～1.5%，雨水口处的横坡宜为 2.0%～2.5%。横坡不应超过 3.00%。需要注意，分水点处的横坡 i_2 应不小于中间部分的横坡 i_1，见图 2-72。

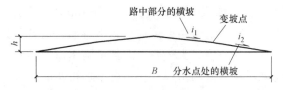

图 2-72　大于等于 12 米宽水泥混凝土道路路拱图

3. 沥青混凝土双面坡路面

（1）当道路纵坡大于等于 0.3% 时，为方便施工，可采用直线加圆弧形路拱（圆弧半径 R 等于 5 倍路宽），详见图 2-73，建议横坡采用 1.0%～2.0%，道路宽度小，以及降雨量大的地区宜采用 2.5%～3.0%。图中，$h=\dfrac{B}{2}\times i$，$R=5B$，i 为道路的平均横坡。

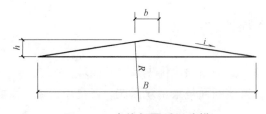

图 2-73　直线加圆弧形路拱

（2）当道路纵坡大于等于 0.3% 时，尤其当道路较宽时（如 9m 及以上），也可采用三次修正抛物线形路拱，详见图 2-74，其平均横坡宜取 2%。图中，$y=\dfrac{4h}{B^3}\times x^3+\dfrac{h}{B}\times x$，$h=\dfrac{B}{2}\times i$，$i$ 为道路的平均横坡。

当 x 很小，即靠近路中心线处，$y\cong\dfrac{h}{B}\times x$，$\dfrac{y}{x}\cong\dfrac{h}{B}\cong\dfrac{i}{2}$，这说明，如果采用三次修正抛物线形路拱，其路中心处的横坡约为平均横坡的一半，按理路中心处是条折线，这需要施工单位做圆滑处理，**这进一步说明，除了必须精心设计**

外，还需要施工队的配合。所以，区内道路一定要让有道路施工经验的工程队来认真施工，才能得到一条完美的道路。

图 2-74 三次修正抛物线形路拱

（3）当道路纵坡小于 0.3% 时，可采用锯齿形边沟，即调整半幅路的横坡，在分水点处的横坡为 1.0% 至 2.0%，雨水口处的横坡为 2.0% 至 3.0%，横坡不应超过 3.0%；为方便施工，宜采用直线加圆弧形路拱，详见图 2-75，圆弧半径 R 应根据路拱坡度作变化，使 b 值保持在 0.9m 左右，即 $i=1.0\%$ 时 $R=45$m，$i=1.5\%$ 时 $R=30$m，$i=2.0\%$ 时 $R=22.5$m，$i=2.5\%$ 时 $R=18$m，$i=3.0\%$ 时 $R=15$m，介于中间的作线性内插。

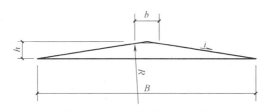

图 2-75 直线加圆弧形路拱

（4）大于等于 12m 宽的道路（见图 2-76），当道路纵坡小于 0.3% 时，可采用锯齿形边沟，中间部分的横坡取 1.0%～1.5%，并保持不变，仅调整边上路拱的横坡，即分水点处的横坡为 1.0%～2.0%，雨水口处的横坡为 2.0%～3.0%，横坡不应超过 3.0%。**需要注意，分水点处的横坡 i_2 应不小于中间部分的横坡 i_1。**为方便施工，宜采用直线加圆弧形路拱（圆弧半径 R 等于 5 倍路宽，或者，$i=1.0\%$ 时 $R=45$m，$i=1.5\%$ 时 $R=30$m，$i=2.0\%$ 时 $R=22.5$m，$i=2.5\%$ 时 $R=18$m，$i=3.0\%$ 时 $R=15$m）。**同时需要注意**，由于中间部分的横坡与路边部分的横坡不一致，会在变坡点处出现折角，这需要施工队对该折角作圆滑处理，使路面平顺。

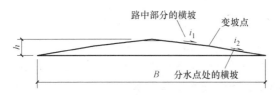

图 2-76 大于等于 12m 宽沥青混凝土道路路拱图

(5) 大于等于9m宽的道路，当道路纵坡小于0.3%时，也可采用城市道路的做法，即采取三次修正抛物线形路拱，其平均横坡取2%，**这样做的前提条件是必须对平缘石进行优化改进**，一方面在平缘石上划线，另一方面是平缘石作防滑处理，万一骑车在平缘石上，那么，骑车人会感到难受，但应保证骑车人不会摔倒。既然平缘石不适宜交通，则可以酌情加宽路面宽度，例如加宽0.5m。

二、道路合理的横向坡度

1. 城镇道路工程设计规范关于路拱和横坡的要求

道路横坡应根据路面宽度、路面类型、纵坡及气候条件确定，宜采取1.0%～2.0%。快速路及降雨量大的地区宜采用1.5%～2.0%；严寒积雪地区、透水路面宜采用1.0%～1.5%。

2. 城市道路排水的基本原理

城市道路排水的基本原理是路中的雨水通过合适的横坡快速排向路边，然后，通过路边的街沟排向雨水口。因此，从排水的角度看，道路的横坡宜大一些，尤其是多雨地区；但对于快速道路，其横坡不应大于2.0%。

3. 较窄道路的合理横坡

【设计要点11】：需要注意的是，如果道路很窄，无论双面坡，还是单面坡，那么，道路横坡应大一些（雨水口处宜取**2.5%～3.0%，但不应大于3.0%**），同时，可结合道路两侧建筑的落水管排水，使雨水口间距缩小一些，另外雨水口的排水能力应提高一些，以便及时排除路上和两侧空地的雨水。对于窄的道路，如果积少量水，那么，整个路幅都可能积水。

4. 大门处的道路横坡

大门处的道路横坡有一些特殊性，将在第三章第三节中作详细讲解。

5. 人行道的横坡

人行道的横坡宜取1%～2%，为了快速排水，可以优先采取2%的横坡。

6. 广场的横坡

广场的横坡是个矛盾体，从排水角度看，坡度宜大一些，但广场如果面积较大，取较大的横坡，则会导致广场的高差偏大，即不美观。广场的竖向设计将在第四章第二节中作详细讲解。

【设计要点12】：(1) 区内道路的路拱形式，首先应根据用地大小、统一排水等要求，确定是采用单面坡还是双面坡。(2) **单面坡道路宜采用直线型路拱**。(3) **水泥混凝土双面坡道路应采用折线型路拱**。(4) **沥青混凝土双面坡道路宜采用直线加圆弧形路拱，当路宽大于等于9m时，也可采用城市道路的做法，但必须对平缘石作改进**。

第六节 雨水口间距和形式的选择

一、雨水口的常见形式

雨水口主要有三种常见形式。

1. 平箅式雨水口

如图 2-77 为平箅式雨水口,其优点是:排水量较大。

它的缺点:

(1) 平箅式雨水口的盖板易被车辆压坏。

(2) 车辆压在盖板上容易发出响声。

(3) 垃圾、烟蒂、树叶容易进入雨水口。

(4) 如果盖板制造粗糙,则比较难看,很显眼。

(5) 水泥混凝土路面如果采用平箅式雨水口,那么,为了设置缝,通常先预留

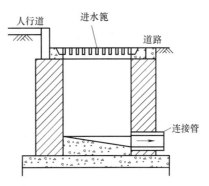

图 2-77 平箅式雨水口横断面图

雨水口四周一定宽度的空间,等其他水泥混凝土施工后,再施工该空间内的水泥混凝土,由于该宽度较小,因此,这部分板容易损坏(尤其是交通量大、荷载重的路段)。

2. 立箅式雨水口

如图 2-78 为立箅式雨水口,它的优点:

(1) 垃圾、烟蒂、树叶相对不容易进入雨水口。

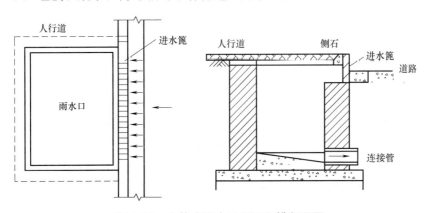

图 2-78 立箅式雨水口平面和横断面图

(2) 不存在平箅式雨水口的缺点。

它的缺点：

(1) 进水量比平箅式雨水口小。

(2) 要达到一定的进水量，需要箅前积一定高度的水，这对窄的道路是不利的。

按标准图集《雨水口》（16S518，北京市市政工程设计研究总院有限公司编制）的计算，假定道路纵坡 0.3%～3.5%，横坡为 1.5%，箅前水深为 40mm 时，立箅式雨水口单箅的过水流量为 15L/s。

因此，对于较窄的道路，例如，4.5m 宽的道路，如果采用双面坡，那么，一半路宽只有 2.25m，假如雨水口处采取 2% 的横坡，则路中心与路边的高差为 45mm，立箅式雨水口要排除较多的雨水，就需要在箅前积一定高度的水，假如箅前水深为 40mm，则整个路幅几乎被淹没了；假如箅前水深为 20mm，则大概一半的路幅被淹没了，而这时的排水量大概只有 7.5L/s。

(3) 雨水沿路边流动时，需要转 90 度进入雨水口，当路边纵坡较大时，路边雨水的流速偏大，部分雨水不进入雨水口（即越过雨水口），**因此，当路边纵坡较大时，不适合采用立箅式雨水口。**

【设计要点 13】：总图（包括道路、建筑、规划）设计师应与给排水专业人员合作，分析每个雨水口所承担的排水量，对于较窄的道路，如果雨水口承担的排水量较大，那么，可能需要优先采用平箅式雨水口，应防止立箅式雨水口在箅前积一定深度的雨水。

如果将窄的双面坡道路改为单面坡，那么，低的一侧的雨水口箅前积点水可能关系不大，但应做好竖向设计；如果高的一侧路边有较大铺砌场地，或无法保证高的一侧路边绿地里的泥土不带到路面上，则可以考虑在高的一侧路边的立缘石顶部设排水沟。

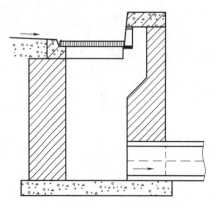

图 2-79 联合式雨水口横断面图

如果窄的道路采取双面坡，则可以考虑适当加宽路面，并优先考虑采取平箅式雨水口，同时，适当加大雨水管的排水能力，**因为，一旦积点水，就可能把整条路淹了。**

3. 联合式雨水口

在水平和垂直方向上均有雨水箅子，如图 2-79 所示为联合式雨水口，它的优点是排水能力更大，但它同时存在平箅式雨水口的缺点。

当路边采用锯齿形边沟时，三种雨水

口都能很好地收集雨水，即雨水不会越过雨水口。

二、雨水口的设置要求

雨水口的设置要求

（1）道路汇水点、人行横道上游、沿街单位出入口上游、街坊或庭院的出入口上游等处均应设置雨水口。道路低洼和易积水地段应根据需要适当增加雨水口。人行道与车行道之间设有连续绿化带时，人行道内侧（较低侧）应设雨水口或排水沟。

（2）雨水口形式分为平箅式、立箅式和联合式雨水口三种形式。

平箅式雨水口分为有立缘石平箅式和地面平箅式。立缘石平箅式雨水口用于有立缘石的道路，该雨水口也称为偏沟式雨水口。地面平箅式可用于无缘石的路面、广场、地面低洼聚水等处。

立箅式雨水口可用于有立缘石的道路，需要注意的是，雨水口处立缘石高度不应小于160mm，应取180～200mm，以便增大雨水口的排水能力。

联合式雨水口可用于有立缘石的道路，需要注意的是，雨水口处立缘石高度不宜小于160mm，宜取180～200mm，以便增大雨水口的排水能力。

（3）平箅式雨水口的箅面应低于附近路面10～20mm；立箅式雨水口进水孔底面应低于附近路面10mm。

（4）《城镇道路工程设计规范》规定，雨水口的间距宜为25～50m。而《工业企业总平面设计规范》等规范规定：雨水口的间距宜为25～50m，当道路纵坡大于2%时，雨水口间距可大于50m。实际上，纵坡大时，水的流速大，雨水不能充分进入雨水口，即一部分雨水越过雨水口，尤其是立箅式雨水口，**因此，当路边纵坡较大时，雨水口的间距不应增大。**

（5）雨水口的泄水能力应经计算确定，即应明确每个雨水口负责收集哪个区域的雨水，除了收集道路上的雨水，还需要收集路边的雨水，甚至需要考虑从建筑落水管接入的雨水。

三、平箅式雨水口盖板处与四周道路的竖向关系

按《城镇道路路面设计规范》9.2.4条要求，平箅式雨水口的箅面应低于**附近路面**10～20mm；标准图（16S518）要求平箅式雨水口的箅面标高应比**周围路面标高低**30mm，如图2-80～图2-82所示。从横断面看，在0.5m范围内降低30mm，等于额外增加横坡6%，这是不合理的。

《城市道路设计手册》要求，设置在有立道牙道路上的雨水口，应使偏沟路面纵坡在前后1m、横向0.5m范围内坡向雨水口，使雨水口圈低于两侧路面2cm～3cm。

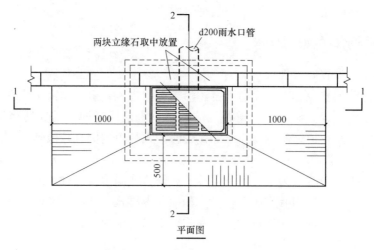

图 2-80 平箅式雨水口平面图

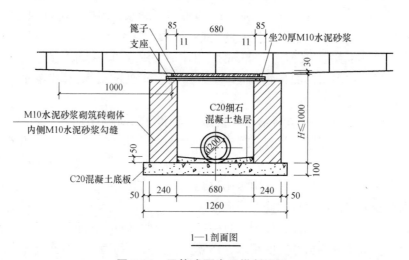

图 2-81 平箅式雨水口纵断面图

在图 2-81 中,将雨水口的箅面定的比四周路面低 30mm,这有利于将雨水导入进雨水口,但是,如果路边纵坡本身较大时,例如 $i=3\%$,那么,强行要求箅面定的比四周路面低 30mm,就会使路边纵坡高低起伏,这也是不合理的。

作者认为,该标准图和设计手册的要求不合理,它既不符合现行规范的要求,又导致雨水口处的道路呈明显的下凹,而过多的下凹既影响车辆行驶,又不美观。

本质上,井盖的泄水能力应满足排水设计标准,当单箅无法满足排水要求时,应布置双箅雨水口,以保证排水;应优化箅子和上游路边路面的设计,将来水降速(可参照急流槽设计),并最大限度地将雨水完全排入雨水口,即不让雨

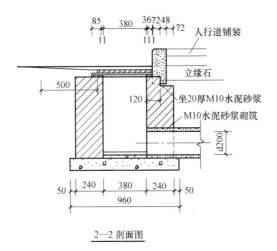

图 2-82 平算式雨水口横断面图

水越过雨水口;同时,如图 2-83 所示,应将盖板的中间做得比四周低 10mm(高差设 1:4 或 1:2 倒角,非机动车车速快时,会有一点跳动,这可以提醒骑车人,在路边骑车需要减速,实际上,在厂区、居住区、学校、商业区,骑车人与城市道路相比是较少的),这样,更有利于排水,又不影响路边行驶的非机动车。

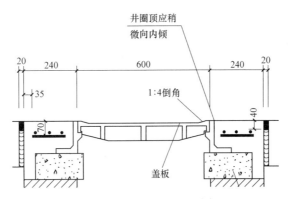

图 2-83 盖板与井圈竖向分析图

经实际测试,当井盖比相邻路面低 20mm 时,即使设 1:3 左右的斜坡,当通过该斜坡时,骑车者会感觉有明显的跳动;当井盖比相邻路面低 10mm 时,无论是设 1:3 左右的斜坡,还是陡坎,当通过该斜坡时,骑车者会感觉有一定的跳动,但可以接受。

因此,平算式雨水口的井盖与四周路面的高差,不应大于等于 20mm,宜取 10mm,并设 1:4 或 1:2 倒角(斜坡)。

对于区内道路，由于没有高差的规定，因此，当采用锯齿形边沟时，雨水不会越过雨水口，平箅式雨水口的井盖与四周路面的高差可取 5mm，这既满足排水要求，又能保证骑车者经过盖板时产生的跳动非常小。

在保证强度和刚度的前提下，盖板的进水孔总面积和泄水能力应满足排水要求，而且，每个进水孔的面积大小应合适，应在有利于排水的前提下尽量阻止树叶和垃圾进入雨水口，以及防止非机动车的车轮陷入进水孔中。另外，进水孔的平面布置应既有利于排水，又能最大限度地防止雨水越过雨水口。

图 2-84 表示，通过调整平箅式雨水口四周的路面标高，也可将雨水导入进雨水口，但这样设计和施工很复杂，另外，导致路边的纵横坡频繁起伏。

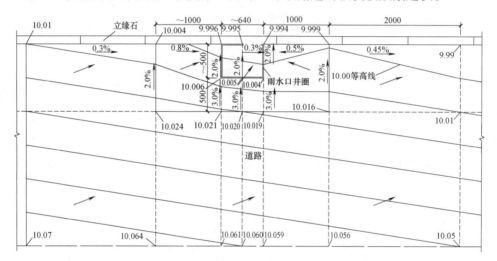

图 2-84 平箅式雨水口与四周路面竖向关系图

【设计要点 14】：（1）当采用平箅式雨水口时，井圈顶标高按道路竖向设计控制标高，盖板沿口与井圈顶平齐。（2）盖板中间比四周低 10mm，其高差按 1∶4 或 1∶2 倒角，在保证强度和刚度的前提下，盖板中间宜多开泄水孔，其总泄水面积应尽量大一些，但每一个孔的大小应合适，要求既保证排水，尽量不让雨水越过雨水口，又能防止树叶进入雨水口，如图 2-83 所示。（3）对于区内道路，由于没有高差的规定，因此，当采用锯齿形边沟时，雨水不会越过雨水口，平箅式雨水口的井盖与四周路面的高差可取 **5mm**，这既满足排水要求，又能保证骑车者经过盖板时产生的跳动非常小。

四、立箅式雨水口进水孔处与四周道路的竖向关系

按《城镇道路路面设计规范》要求，立箅式雨水口**进水孔底面**应低于附近路面 10mm。

标准图 16S518-2016 第 4.4.5 条要求，立箅式雨水口**进水处路面**标高应比周

围路面标高低 50mm。

由此可见，它们的描述和高差要求是不一致的，规范要求**进水孔底面**应低于附近路面 10mm，而标准图要求**进水处路面**标高应比周围路面标高低 50mm。

作者认为，标准图的要求不合理，它既不符合现行规范的要求，又导致雨水口处的道路呈明显的下凹，而过多的下凹既影响车辆行驶，又不美观。

有的城市道路，将立箅式雨水口处的路面挖个坑，这非常难看，尤其是不安全。

如图 2-85 所示（图中单位为 mm），该立箅式雨水口的进水箅子是上海市政道路的标准产品，其进水孔底面离立缘石外顶的高度为 140mm＋60mm＝200mm，进水孔高度为 140mm（按规定，进水孔高度不得小于 100mm，**因此，雨水口处的立缘石高度不得小于 100mm＋60mm＝160mm**）。

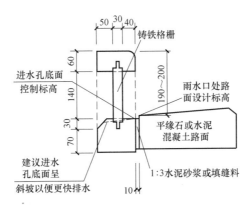

图 2-85 立箅式雨水口进水箅子构造图

【设计要点 15】：如果准备采用立箅式雨水口，那么，设计前应明确立箅式雨水口的进水孔高度以及进水孔底面离外顶的距离，雨水口处的路面设计标高应高于进水孔底面控制标高 **10mm 或 10mm 以上**，同时，雨水口处的立缘石高度宜为 **180～200mm**，这要求采购的立缘石（带进水箅子），其进水孔底面标高离立缘石外顶的距离应大于等于 **200mm**，同时，进水孔高度宜大一些，如 **140mm**。再者，为了快速排水以及防止树叶进入雨水口，在保证立缘石强度的前提下，进水孔的总面积应大一些，但每一个孔的面积应适度。

图 2-86 和图 2-87 是上海市带进水孔立

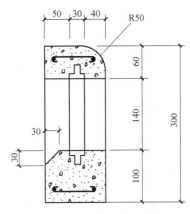

图 2-86 带进水孔立缘石横断面图

缘石和平缘石标准图，它的设计初衷是为了把雨水导入立箅式雨水口，但从图 2-87 的 1-1 剖面可见，平缘石的横坡偏大（40mm/280mm＝14.3%），不符合规范。

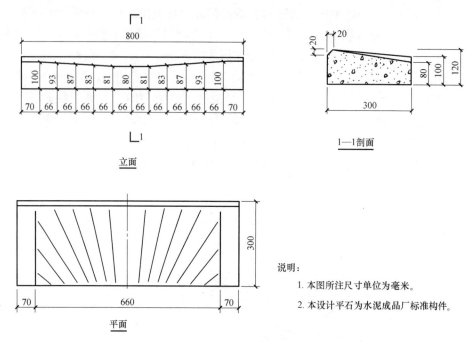

图 2-87 带弧形平缘石标准图

因此，如图 2-88 所示，当采用锯齿形边沟时，对该平缘石做一些改进，将平缘石的最低点接立箅式雨水口的进水孔的中点，该处平缘石的最大横坡为 20mm/280mm＝7.14%（小于 8%），既满足规范，又有利于将雨水导入进立箅式雨水口。

如图 2-89 所示，当路边纵坡大于等于 0.3% 时，对该平缘石做一些改进，将平缘石的最低点接立箅式雨水口进水孔最低点，**需要注意，顺坡处的路边纵坡等于路中心线纵坡加 1.25%，而反坡处的路边纵坡等于路中心线纵坡减 1.25%，应保证最后的路边纵坡不小于 0.3%**。

当路中心纵坡等于 0.95% 时，0.95%－1.25%＝－0.3%，即路边纵坡为反向 0.3%，可把雨水导入进立箅式雨水口。如果道路中心线纵坡为 1%，则可适当调整该平缘石，使路边产生反向的 0.3% 纵坡，将雨水导入进雨水口。

当道路中心线纵坡大于 1%，则不该采用该平缘石。纵坡大时，水的流速大，不能充分进入雨水口，即部分雨水越过雨水口，尤其可能越过立箅式雨水口。因此，从排水的角度出发，也许应该采用平箅式雨水口，为了有效收集雨水，应缩小雨水口间距，以及采用双箅雨水口。

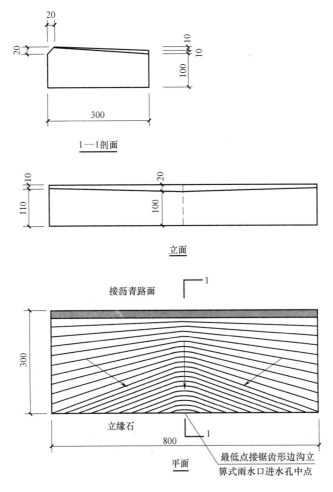

图 2-88　改进型带弧形平缘石（一）

五、雨水口类型的选择

目前，无论是法国、香港、上海，还是其他城市，在排水沟和平箅式雨水口中普遍有大量的垃圾、烟蒂和树叶，要清除这些杂物比较麻烦。因此，在上海市政道路设计中，优先采用立箅式雨水口，如果排水量不够，就采用两个并列的立箅式雨水口。

相信未来的平箅式雨水口会制造的更精细，也不会发出响声，同时，随着素质的不断提高，人们不会往排水沟（井）里扔垃圾、烟蒂（在厂区内更容易做到），最后，采用吸尘方法来扫除路边的树叶和杂物，那么，目前平箅式雨水口所存在的缺陷就没有了，可以大胆采用。

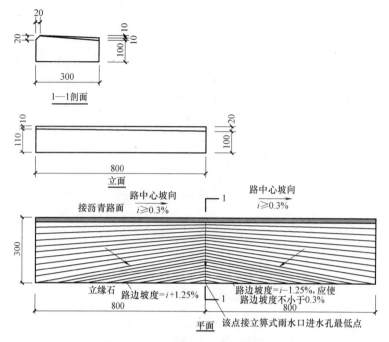

图 2-89 改进型带弧形平缘石（二）

因此，在区内道路竖向设计时，应了解各种雨水口的优缺点和适用性，选择合适的雨水口。

【设计要点 16】：下列情况应优先采用平箅式雨水口：

(1) 路边纵坡较大时；

(2) 路边没法设置可高出路边约 160mm 的立缘石；

(3) 路宽较小时。

其他情况可根据实际情况，选择平箅式、立箅式或联合式雨水口。例如：

(1) 有的业主，非常反感平箅式雨水口盖板所发出的响声，这时，如果无法保证平箅式雨水口盖板不发出响声，则可在保证排水的前提下优先采用立箅式雨水口。

(2) 在有些地区，人员素质暂时还不高，经常往平箅式雨水口中扔垃圾、烟蒂，清洁工人使用扫帚扫地，这时，可在保证排水的前提下优先采用立箅式雨水口。

【设计要点 17】：建筑外墙四周宜考虑布置排水明沟，这样，明沟可以及时收集落在建筑外墙面上的雨水，建筑外墙面上的雨水不会流过铺砌场地或人行道，再流向路边，即人行道不易积水；有时，人行道可能较宽，或横坡偏小，或高层建筑外墙面上的雨水流向人行道，导致人行道上积一层水，人走在上面，容易把鞋弄湿，或把裤脚和鞋面弄脏。

六、平缘石的宽度

按《城镇道路路面设计规范》规定，当道路边缘线纵坡度小于0.3%时，可在道路两侧车行道边缘0.3m范围内设锯齿形边沟。目前，国内城市道路的平缘石宽度一般采用300mm，利用平缘石设置锯齿形边沟，即保持沥青混凝土路面的横坡不变，将分水点处平缘石的横坡取的很小，将雨水口处平缘石的横坡取的很大，这是非常不合理的。在一条路上，很可能需要布置平箅式雨水口，而平箅式雨水口盖板的宽度一般不小于500mm，同时，目前的盖板普遍做得不好，车辆经过盖板时会跳动，而且经常发出响声，因此，区内道路可考虑将平缘石的宽度改为500mm，在路边500mm范围划线，提示车辆不要行驶在该范围内，如图2-90所示。

如果分水点处平缘石的横坡取0.5%，雨水口处平缘石的横坡取8%，那么，两处的横坡差为7.5%，该横坡差可产生0.0375m（7.5%×0.5m）高差，该高差除0.3%，再乘2，即为雨水口的间距L，$L = 0.0375 \times 2/0.003 = 25m$。该雨水口间距稍微小一些，但尚可接受。另外，分水点两侧约0.85m范围内平缘石的横坡处在0.5%～1.0%之间，平缘石与路面连接处有折角（但不太明显）。

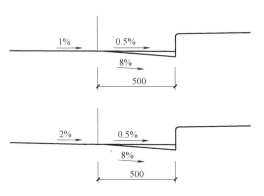

图2-90　500mm宽平缘石竖向布置图

如果分水点处平缘石的横坡取1%，雨水口处平缘石的横坡取8%，那么，两处的横坡差为7%，该横坡差可产生0.035m（7%×0.5m）高差，该高差除0.3%，再乘2，即为雨水口的间距L，$L=0.035\times2/0.003=23.33m$。该雨水口间距偏小，如果道路两侧有较多的落水管，则有利于把落水管中的雨水就近接入雨水检查井中。

如果分水点处平缘石的横坡取2%，雨水口处平缘石的横坡取8%，那么，两处的横坡差为6%，该横坡差可产生0.03m（6%×0.5m）高差，该高差除0.3%，再乘2，即为雨水口的间距L，$L=0.03\times2/0.003=20m$。该雨水口间距偏小，如果道路两侧有较多的落水管，则有利于把落水管中的雨水就近接入雨水检查井中。

因此，平缘石宽度大一些，有利于锯齿形边沟的布置。如果道路两侧有较多的建筑落水管，则可以考虑将平缘石的宽度由 300mm 加宽至 500mm（同时将道路宽度适当加宽一些），将雨水口的间距缩小一些，这样设计可使平缘石的横坡控制在 8% 以内，同时，可将落水管的雨水就近接入雨水检查井中。在路边 500mm 范围内划线，该范围一般情况下不供车辆行驶，仅供车辆交会时使用。这样设计的最大好处是平缘石之间的路面横坡保持不变，施工方便，车辆行驶舒适，其缺点是需要增加一定的道路宽度（约加宽 500mm），雨水口间距较小（约为 20m～25m）。

第三章 区内道路一些典型的竖向设计

第一节 一高一低和两侧水平道路的竖向设计

上面章节主要分析了水平场地处的道路竖向设计,在实际工程中,场地设计有时存在一定的坡度。图 3-1 为一种常见的地形,即北高南低,东西向水平。

这种道路的竖向形式很常见,例如,一条河位于东西向道路的北侧,南北向道路跨河而过,就形成北高南低情况。

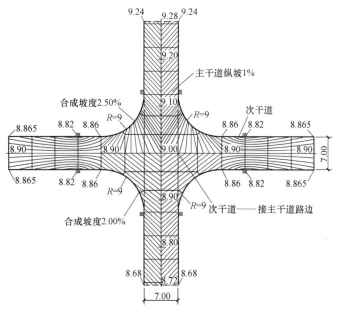

图 3-1 北高南低道路交叉口竖向布置图(一)

图中南北向主干道的纵坡为 1%,东西向道路本该水平接南北向道路,**但为了快速排除交叉口上的雨水,故意让它设向上的纵坡接南北向主干道。**

在交叉口范围内的等高线转折点均落在分缝上,说明水泥混凝土板施工很方便;同时,等高线比较均衡和平顺。

图中的合成坡度为 2.5%,为了更好地排水,可适当加大该合成坡度,并将雨水口更靠近交叉口。

图 3-2 是在图 3-1 的基础上对雨水的可能路径作推测,即假定雨水沿最大的

坡度线路流动。从图中可见，(1) 水流长度约为20m，较合适。(2) 只有很小面积上的雨水流过道路中心线。

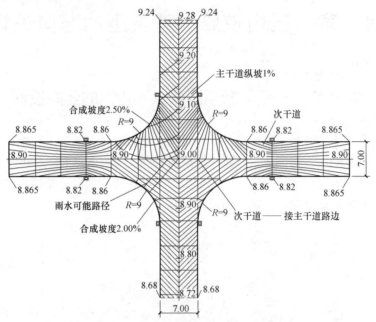

图 3-2 北高南低道路交叉口排水分析图（一）

图 3-3 表示南北向道路的纵坡为 2%，东西向道路本该水平接南北向道路，

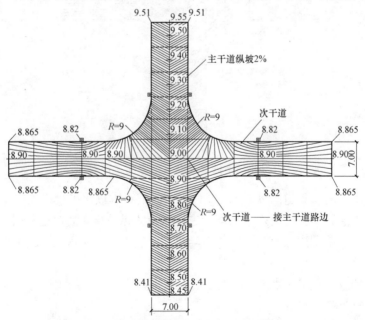

图 3-3 北高南低道路交叉口竖向布置图（二）

但为了快速排除交叉口上的雨水,故意让它设向上的纵坡接南北向主干道。

在交叉口范围内的等高线转折点均落在分缝上,说明水泥混凝土板施工很方便;同时,等高线比较均衡和平顺。

图 3-4 是在图 3-3 的基础上对直行、右转和左转做纵断面分析,虚线是水平基线,实线是车轮轨迹线处路面的纵断面线,从图中可以看到,汽车在直行、右转和左转时是非常平顺的。

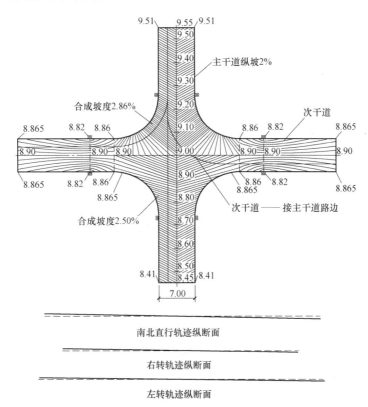

图 3-4 北高南低道路交叉口平顺性分析图

图中的合成坡度为 2.86%,为了更好地排水,可适当加大该合成坡度,并将雨水口更靠近交叉口。

图 3-5 是在图 3-3 的基础上对雨水的可能路径作推测,即假定雨水沿最大的坡度线路流动。从图中可见,(1) 水流长度约为 25m,尚可接受,但比上面的例子要长一些。(2) 与图 3-2 比较,则有更多面积上的雨水流过道路中心线,这是不合理的,但只能这样做。

图 3-6 表示南北向道路的纵坡为 3%,东西向道路本该水平接南北向道路,但为了快速排除交叉口上的雨水,故意让它设向上的纵坡接南北向主干道。

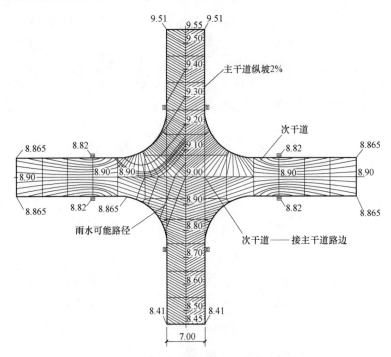

图 3-5 北高南低道路交叉口排水分析图（二）

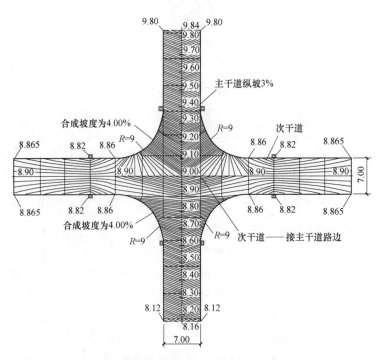

图 3-6 北高南低道路交叉口竖向布置图（三）

在交叉口范围内的等高线转折点均落在分缝上,说明水泥混凝土板施工很方便。交叉口范围内的等高线平顺,但不均衡,部分路边的合成坡度已达到4%。

图3-7是在图3-6的基础上对雨水的可能路径作推测,即假定雨水沿最大的坡度线路流动。从图中可见,(1)水流长度约为25m,尚可接受,与图3-5相比差不多,但由于纵坡偏大,导致一些雨水未能快速流向路边,这是不利的。(2)与图3-5比较则有更多面积上的雨水流过道路中心线,这是不合理的,但只能这样做。

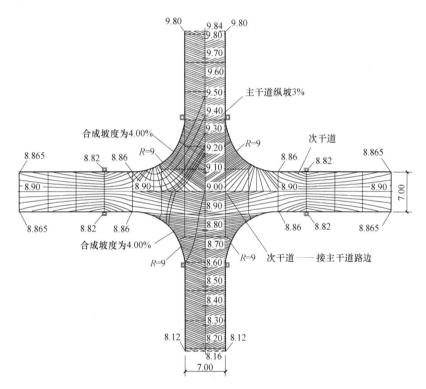

图3-7 北高南低道路交叉口排水分析图(三)

第二节 相邻两侧高另两侧低道路的竖向设计

上一节主要分析了一高一低和两侧水平道路的竖向设计,在实际工程中,还会遇到一种情况,即相邻两侧高另两侧低的场地和道路,如图3-8所示。

从图中可见,场地呈西北高、东南低,为了减少土石方工程量,道路也呈西北高、东南低,道路纵坡假定都为2%。

图3-8是一种竖向设计方法,这样竖向设计的优点是直线段雨水不进入交叉

79

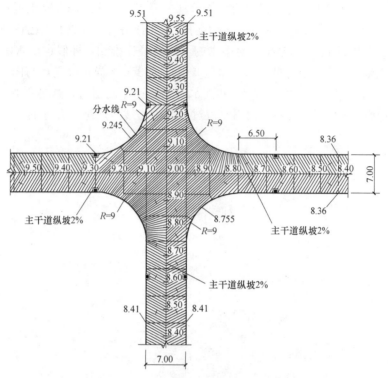

图 3-8 相邻两侧高另两侧低道路交叉口竖向布置图（一）

口；其缺点是道路平顺性稍差一点，交叉口范围有较多的雨水越过交叉口，如果交叉口面积很大，那么，就不利于交叉口排水。

该交叉口也可以这样设计，如图 3-9 所示。这样竖向设计的优点是直线段雨水不进入交叉口，与图 3-8 相比，交叉口范围内越过交叉口的雨水较少，平顺性基本相当，都较合适。

当区内道路的交叉口面积较小时，可优先采用。

当然，该交叉口也可以这样设计，如图 3-10 所示。这样竖向设计的优点是直线段雨水不进入交叉口，与图 3-9 相比，交叉口范围内越过交叉口的雨水少一些，但平顺性比图 3-9 差一点。

当区内道路的交叉口面积较大时，应与图 3-9 所示的方案作比较，并择优选择。

需要注意的是，对于相邻两侧高另两侧低的交叉口，如图 3-10 所示，交叉口左上角处的竖向设计是较难处理的，以至于以往的设计手册和教科书都没有对此作详细的解释。另外，大多数设计院也没有画出清晰的设计等高线，该处往往过于平坦，尤其是等高线间隔偏大，根本没有表示清楚该处的竖向情况。作者的观点是，在平坦区域的设计等高线间隔应为 **10mm**。

第三章 区内道路一些典型的竖向设计

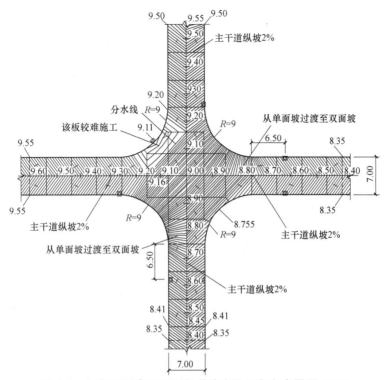

图 3-9 相邻两侧高另两侧低道路交叉口竖向布置图（二）

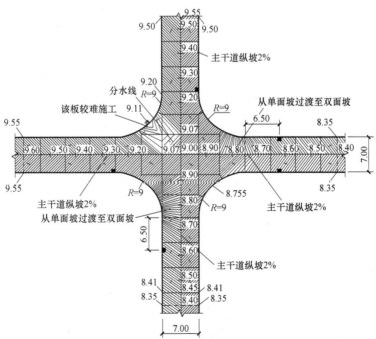

图 3-10 相邻两侧高另两侧低道路交叉口竖向布置图（三）

图3-11为某手册中的一张插图,被广泛引用,但有3个问题,即:

(1) 一个设计标高是错的。

(2) 一处地方无法排水。

(3) 有一个区域坡度太小,竖向设计不清晰。

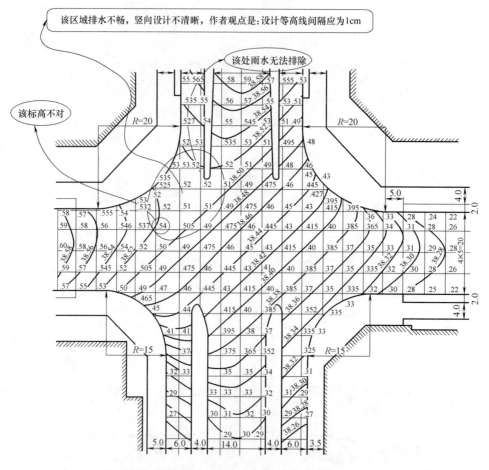

图3-11 某交叉口竖向布置图

图3-12是某书中的一个范例,竖向设计等高线间隔为5cm,该图存在2个问题,即:

(1) 雨水口处未标设计标高;

(2) 图中阴影区域太平坦,竖向设计不清晰。

图3-13某书中的一个范例,竖向设计等高线间隔为10cm,该图存在2个问题,即:

(1) 2.10m等高线有些怪异,不平顺。

第三章 区内道路一些典型的竖向设计

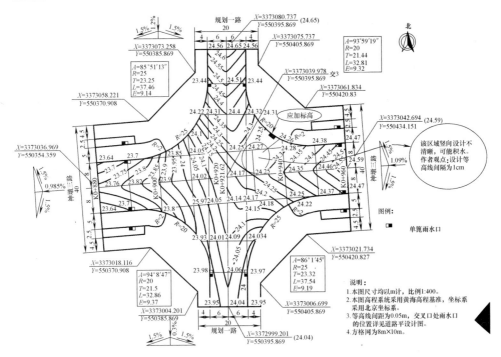

图 3-12 某城市道路交叉口竖向布置图

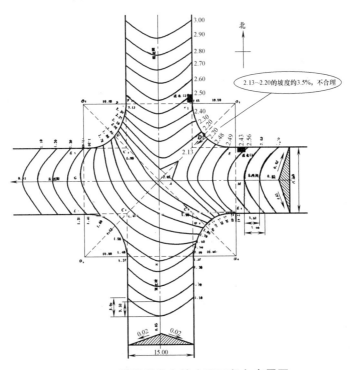

图 3-13 某教科书中的交叉口竖向布置图

(2) 2.20 等高线到 2.13 点，再至 2.20 等高线，一下一上的坡度都约为 3.5%（代数差为 7.0%），这是非常不合理的。

【设计要点 18】：(1) 在交叉口范围内，道路的纵坡不宜大于 2%；(2) 对于平坦地区的十字形交叉口，交叉口中心的标高应尽量比四条直线段道路高或一样；(3) 如果场地呈一高一低和两侧水平，那么，交叉口应按第三章第一节的要求进行竖向设计；(4) 实际上，对于相邻两侧高另两侧低这样的交叉口，要兼顾行车平顺和排水通畅是很难的，因此，应尽量避免出现这样的交叉口，更应避免出现三高一低（交叉口比三条道路低）的交叉口，绝对不要把交叉口的标高定的比四条道路均低。

第三节 大门处道路竖向设计

1. 大门位置的选择

正常情况下，大门应布置在道路直线段上，尽量不要布置在道路交叉口范围内。在竖向设计时，宜将大门中心线处设为分水点，即雨水由大门中心线向两侧排水，这样大门处不宜积水。

大门处道路的竖向布置与大门的轨道有密切关系。

2. 无轨电动推拉门

由于大门没有轨道，因此，对大门处道路的竖向设计没有影响。但是，即使这样，也要控制大门处路中心与路边的高差不宜偏大，假定路边处道路立缘石的高度为 100mm，大门底部离路边高度为 120mm（一般人钻不进去），对于 9m 宽的双面坡道路，如果取 2% 的横坡，那么，路中与路边的高差为 90mm，即路中心与大门的底部有 30mm 的间隙，这是可以的。因此，对于无轨大门，其轨道中心处的道路横坡宜取 1% 至 2%，即路中与路边的高差宜控制在 90mm 以内。

3. 电动伸缩门

电动伸缩门对路面的横坡和抗风导向轨道的纵坡没有过于苛刻的要求，大门处的道路横坡宜取 1%，这样，既满足道路排水要求，又能保证电动伸缩门平稳开关。

电动伸缩门不宜采用两根凸出路面的导轨，因为两根导轨之间易积水，除非在两根导轨之间设特制的小型雨水口。

电动伸缩门宜采用橡胶轮子，门中心处宜采用露出或凹入路面的抗风导向轨。如果不采用抗风导向轨，则大门容易走偏方向；同时，刮大风时，大门可能被掀翻或移位，如图 3-14 所示。

采用凹入路面的抗风导向轨道有利于道路竖向设计和排水，同时，汽车经过导向轨道时也不会跳动。但在北方寒冷地区，冬季常结冰，如果采用凹入路面的抗风导向轨道，则需在轨道中加入融冰装置，并及时清理导向轨道中的积水。

如果采用凸出路面的抗风导向轨道，那么，可以紧靠大门导向轨道设雨水口将雨水及时排除（这时，大门处的道路横坡应取1%）；或将大门中心线处定为分水点。

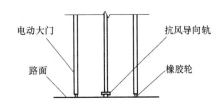

图 3-14　电动伸缩门抗风导向轨示意图

4. 有轨电动推拉门

有轨电动推拉门对轨道的坡度有严格的要求，**因此，设计前应明确大门轨道的允许最大坡度**。大门处的路面横坡宜与大门轨道的纵坡保持一致，当大门轨道的允许坡度很小时，可适当加大路面的横坡，以保证道路排水，**需要注意的是，道路横坡与轨道的坡度差宜控制在较小的范围内**。

有轨电动推拉门的轨道分凹入和凸出路面两种情况。

凹入路面的轨道，其构造比较复杂，还需要及时清理轨道内的积水，在北方寒冷地区需防止结冰。因此，目前很少使用凹入路面的轨道。

对于凸出路面的轨道，应保证大门开关平稳，同时，应满足道路排水要求。例如，某厂家规定，大门轨道的纵坡不得大于0.1%，假定半幅路宽为4.5m，如果大门处的路拱取0.1%的横坡，则显然不利于排水，这时，大门处的道路横坡宜取0.3%，如果道路中心线处轨道凸出路面10mm，那么，路边处轨道凸出路面为10mm+(0.3%-0.1%)×4.5m=19mm，取20mm（如果高于20mm，则容易绊脚），这时，大门处的横坡为0.1%+0.01/4.5m=0.32%，该坡度偏小，但可以接受，**这非常需要将大门处定为分水点**。如图3-15所示，大门中心线处的横坡为(9.749-9.735)/4.5=0.31%，该处道路的合成坡度为0.01/1.91=0.52%，虽然排水坡度偏小，但尚可接受。

综上所述，如果有轨电动推拉门的轨道坡度只能是水平或极小，那么，除了采用上述设计方法外，也可考虑采用无轨电动推拉门（当然这种门非常贵）或电动伸缩门。

在图3-15中，从9.855点至9.79点设一个较小的坡，而9.79点至9.60点之间的纵坡应设得大一些，这是以防区外道路将来可能抬高。

为何将9.79点作为变坡点？一是考虑9.79点至9.60点之间的距离宜大一些，万一区外道路路边标高抬高，则该段道路的坡度可作平缓的修改；二是9.79点宜位于分缝点上，以方便施工，在大门轨道所在的这块板中，9.749点至9.735点连线以下部分能方便施工，9.749点至9.735点连线以上部分的左右两个角也能方便施工，但两个角之间的板需要施工单位作特殊处理，好在该部分比

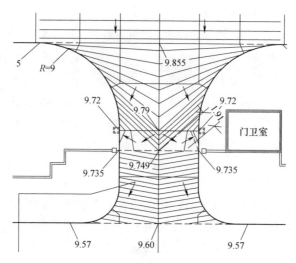

图 3-15 大门处道路竖向布置图

较平坦。

【设计要点 19】：(1) 大门应布置在道路直线段上，尽量不要布置在道路交叉口范围内。(2) 在竖向设计时，宜将大门中心线处设为分水点，即雨水由大门中心线向两侧排水。(3) 竖向设计前，应让业主确定门的形式。(4) 根据门对轨道的坡度要求，进行针对性竖向设计。(5) 大门至区外道路路边这段连接道路，其纵坡宜大一些（例如采用 2%），以防区外道路标高将来抬高。

第四章 广场、停车场和人行道竖向设计

第一节 广场竖向设计

上面章节主要讲述了区内道路的竖向设计，从更完整的角度看，广场、停车场、人行道和铺砌场地都属于交通系统的组成部分，因此，本节将讲述广场、停车场、人行道和铺砌场地的竖向设计原理和方法。

1. 《城市道路设计手册》对广场竖向设计的要求

广场的竖向设计方法，基本同道路交叉口的竖向设计。在竖向设计中不仅要解决场内排水、道路与广场的衔接、管网的综合处理外，同时还要结合四周建筑物的空间要求。因此，广场的竖向设计也是一项综合设计。其主要考虑以下因素：

(1) 地形；

(2) 广场的平面几何图形；

(3) 广场的坡度。

广场的纵坡、横坡的要求应按其具体情况而定。在空间较大的广场上，原则上纵、横坡度分别在1%～3%之间，最好应在2%以内。场内最小坡度应按不小于最小排水坡度的要求设置，一般为0.2%～0.3%。

当广场考虑停车时，在停车区间内的坡度不宜过大，以免溜车。

应避免街道（道路）上的雨水流向广场。

2. 《城镇道路工程设计规范》对广场竖向设计的要求

广场设计应按总体规划确定的性质、功能和用地范围，结合交通特征、地形、自然环境等进行，应处理好与毗连道路及主要建筑物出入口的衔接，以及和四周建筑物协调，并应体现广场的艺术风貌。

广场竖向设计应符合下列规定：

(1) 竖向设计应根据平面布置、地形、周围主要建筑物及道路标高、排水等要求进行，并兼顾广场整体布置的美观；

(2) 广场设计坡度宜为0.3%～3.0%。地形困难时，可建成阶梯式；

(3) 与广场相连接的道路纵坡宜为0.5%～2.0%。困难时纵坡不应大于7.0%。积雪及寒冷地区不应大于5.0%；

(4) 出入口处应设置纵坡小于或等于2.0%的缓坡段。

广场与道路衔接的出入口设计应满足行车视距的要求。

广场应布置分隔、导流等设施,并应配置完善的交通标识系统。

广场排水应结合地形、广场面积、排水设施,采用单向或多向排水,且应满足城市防洪、排涝的要求。

3. 竖向设计需要重点关注的问题

(1) 厂区、居住区、学校、商业区等广场的竖向设计应与广场的平面布置、区内的总平面竖向布置相结合;

(2) 广场的铺砌材料应防滑、适度吸水(从排水的角度看,能做透水路面更好)、美观以及容易清洁。如图4-1所示为日本一条正在施工的步行道,该设计很合理,连锁砖结构受力合理,可避免路面高低不平;铺砌材料应适度吸水,当雨停时可及时把路表面的滞留雨水吸掉;砖之间的缝应连通,并垂直于道路中心线,使雨水顺着缝排向路边,这样大面积砖上滞留的雨水就少,即人走在上面不易把鞋子弄湿。

图4-1 连锁砖人行道

(3) 广场的布置还应有利于竖向排水。

如图4-2所示,广场的宽度为280m,为了避免广场中间与边上高差偏大,因此,只能取较小的横坡。图中的横坡只有0.32%,从排水的角度看,广场上的雨水可能排水不畅。

广场竖向设计的难点在于,横坡大,有利于排水,但可能导致广场中间与两边高差偏大,这个矛盾尤其在设计大型广场时会发生。

在上图中,为了及时排水,应在广场上每隔一定面积范围内设排水沟,否则,雨水集中到广场边容易积水(即使不积很多水,也可能积一层薄薄的水,人走在上面容易湿鞋)。

在厂区、居住区、学校、商业中心等工程中,经常布置广场。

【设计要点20】:如图4-3所示,(1) 广场布置宜分3类用地,即车辆和人行集中的区域(简称为人行道)、一般铺砌场地、绿地和水池。从交通安全和反恐角度看,车辆应限制在一定范围内行驶。(2) 在人行道区域,其横坡宜大一些,

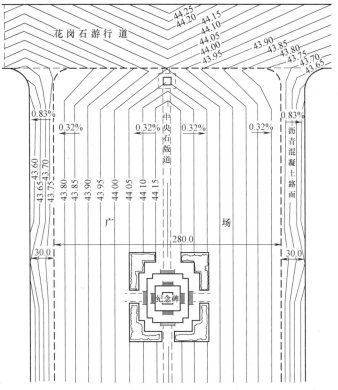

图 4-2 某大型广场竖向布置图

如 1%~2%，并宜在人行道边缘设雨水口或排水沟，以便快速排除雨水。（如果横坡取很小，则人行道上可能积一定深度的雨水，哪怕是一层薄薄的水，也容易把鞋弄湿）。(3) 在绿地和水池边，宜根据汇水面积（宽度）确定是否设雨水口或排水沟。(4) 一般铺砌场地的横坡宜取 0.5%~1.0%，让广场显得平坦一些，其排水速度可能慢一点，但这是可以接受的，这是因为，一般铺砌场地不像人行道，其通行是必需的，下雨时人员一般不会在一般铺砌场地上行走和休闲。(5) 在图 4-3 中，如果人行道边离花坛边之间的铺砌场地的宽度较小，则可以让该范围内的雨水排至人行道边上的雨水口或排水沟；如果该宽度较大，则该铺砌场地可将雨水排向两边的雨水口或排水沟；如果该铺砌场地的宽度很大，则可在铺砌场地的中间加设雨水口或排水沟。

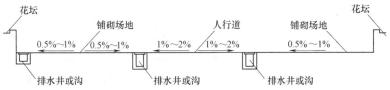

图 4-3 广场竖向设计横断面图

第二节 停车场竖向设计

如图4-4所示，这是一个典型停车场的横断面图，在平面布置方面，相邻停车带之间或每隔几个停车位宜种植一些乔木，这样布置一方面能增加绿化效果，另一方面可以遮阳，避免车辆被暴晒。

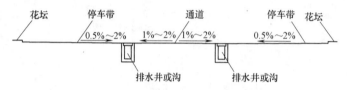

图4-4 停车场竖向设计横断面图

在竖向设计上，通道宜采用双面坡，如果路边纵坡大于等于0.3%，则横坡统一采取1%～2%；如果路边纵坡小于0.3%，则参照道路锯齿形边沟设计方法进行竖向设计。

关于停车带的横坡，如果为了防止车辆发生溜坡，则其横坡宜小于0.5%，但该坡度偏小，不利于排水。实际上只要加强管理和自我约束，发生溜坡的概率很低，像图4-4这样的停车场不会发生严重的溜坡事故。

停车带宜采用植草砖结构，孔中应种植优质、耐压的草，以增加绿化效果，但在相邻两辆车之间应设置非植草砖人行通道。

由于植草砖和一般预制砖的表面不太光滑，因此，为了快速排水，其横坡宜取2%。

关于立缘石的高度，在正常情况下，分水点处宜为100～120mm；雨水口处宜为180～200mm，在有车辆进出处，如图4-4中，通道与停车带之间的立缘石高度宜为20mm（一个20mm高差的四分之一圆弧或45度倒角）。

但如果该停车场考虑无障碍设计，如图4-5所示，那么，通道与停车带之间的立缘石高度不应大于10mm（只能设一个10mm高差的四分之一圆弧或45度倒角），这时，尽量将无障碍坡道设在分水点处，或将雨水口布置在无障碍坡道的上游。

【设计要点21】：（1）通道宜采用双面坡，如果路边纵坡大于等于0.3%，则横坡统一采取1%～2%；如果路边纵坡小于0.3%，则参照道路锯齿形边沟设计方法进行竖向设计。（2）停车带的横坡宜取1%～

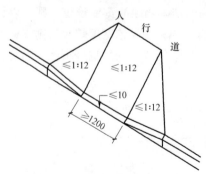

图4-5 无障碍坡道示意图

2%，为了更快排水，横坡可优先取 2%。(3) 一般情况下，通道与停车带之间的立缘石高度宜为 20mm，如果考虑无障碍设计，那么，通道与停车带之间的立缘石高度不应大于 10mm。

第三节 人行道竖向设计

(1) 车行道边上的人行道横坡

车行道边上的人行道，它的宽度一般较小，约为 1～6m 左右，其横坡宜采用 1%～2%，可优先采用 2%，以便快速排水。

(2) 广场中的人行道

广场中的人行道，其横坡一般宜取 1%～2%，人行道较窄时，可优先采用 2%～3%；人行道较宽时，应根据具体情况进行设计，只要不影响美观，其横坡可取 2%；如果高差偏大会影响美观，则可取 1%。

目前，国内一些人行道，其横坡偏小，导致排水不畅，人行道上经常积水，人走在上面容易湿鞋，非常难受。因此，人行道的横坡宜取的大一些，只要不影响美观。

(3) 人行道的铺砌材料

人行道通常采用天然或人工预制砖，铺砌材料应防滑、美观以及容易清洁。如图 4-1（第 88 页）所示为连锁砖结构，它受力合理，可避免路面高低不平；铺砌材料应适度吸水（从排水的角度看，能做透水路面更好），当雨停时可及时把路表面的滞留雨水吸掉；砖之间的缝应连通，并垂直于道路中心线，使雨水顺着缝排向路边，这样大面积砖上滞留的雨水就少，人走在上面不易把鞋子弄湿。

【设计要点 22】：(1) 广场的铺砌材料应防滑、适度吸水（从排水的角度看，能做透水路面更好）、美观以及容易清洁。(2) 砖宜采用连锁砖结构，砖之间的缝应连通，并垂直于人行道中心线。(3) 人行道的横坡宜大一些，以便快速排水，只要不影响美观。(4) 人行道的纵坡不应大于 8%，多雪严寒地区不应大于 4%。

第五章 总平面竖向布置

第一节 总平面竖向布置的基本要求

建设用地的自然地形，往往不能满足建筑总平面设计中各种建筑物、构筑物设计的竖向要求。因此，需要将自然地形加以改造平整，进行垂直方向的竖向布置，使改造后的设计地面能满足建设项目的使用要求。

例如，一组住宅布置在坡地上，除了研究住宅、道路、管线等的平面关系外，还要研究它们的竖向布置。在综合考虑了影响竖向布置的各种因素后，将住宅布置在经过合理改造的不同标高的台地上，如图 5-1 所示。

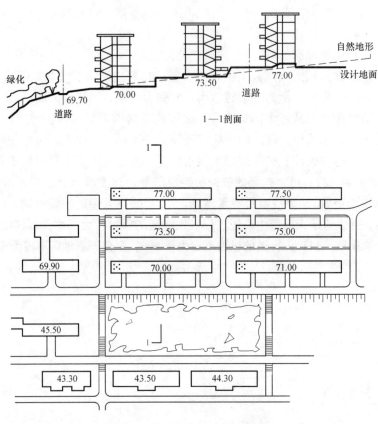

图 5-1 总平面台阶布置示意图

第五章　总平面竖向布置

一般来说，根据建筑项目的使用要求，结合用地的地形、地质、气象等特点和施工技术条件，研究建筑物、构筑物、道路、管线等相互之间的标高关系，充分利用地形、少开土石方量，经济、合理地确定建构筑物、道路、管线等的竖向位置，这就是建筑总平面的竖向布置工作。

正确地进行竖向布置，既要满足建设项目的使用要求，又要充分利用地形、合理改造地形。**决不可不管地形起伏，统统"削平头"，单纯追求用地平整而大开土石方；也不可不问施工机械化程度如何，过分迁就地形而损害建筑总平面的使用功能。**

一、竖向布置的任务

竖向布置的目的是利用和改造地形，使确定的设计标高和设计地面能满足建、构筑物之间和场地内外交通运输以及管线布置等的合理要求，保证地面水有组织地快速排除，并力争土石方工程量最小。同时，还要有利于农田水利基本建设对排灌和农业生产的要求。因此，竖向布置的基本任务有下列几个方面：

（1）选择场地的平整方式和设计地面的连接形式；

（2）选择建筑物、构筑物、广场等的地面标高；

（3）根据规范要求，确定道路、铁路的标高和坡度，使之与场地内的建筑物、构筑物和场地外的道路、铁路在标高上相适应；

（4）拟定场地的排水系统，保证地面不积水，排水通畅，不受山洪侵袭；

（5）保证室外管线在竖向上布置合理经济，检修方便；

（6）计算土石方工程量，使挖方和填方量接近平衡，力求土石方总工程量达到最小；

（7）合理布置必要的工程构筑物（如挡土墙、护坡等）和排水构筑物（如排水沟、截洪沟）。

工业建筑和民用建筑总平面的使用要求不同，其竖向布置考虑的问题也各有侧重。前者要满足生产流程要求，生产运输和管线连接对竖向布置的制约性较大，要严格根据生产技术要求选择设计标高和地面连接方式；而后者要满足工作、生活上的使用要求，其竖向布置所受的制约性较前者少，布置也较为灵活，应尽量利用地形来减少土石方工程量。

竖向布置力求做到既满足使用要求，又使土石方量、挡土墙等室外工程量较小。当无法同时做到时，应充分与业主沟通，有的业主更看重需要充分满足使用要求，而不在乎多花点钱；而有的业主不愿意多花点钱，他们觉得使用要求差一点关系不大。因此，在与业主充分沟通后，可以有的放矢地进行竖向布置。

二、设计地面形式的选择

1. 设计地面的形式

将自然地形加以适当改造，使其能满足使用要求的地形，这称为设计地面或设计地形。设计地面按其整平连接形式可分为三种：

（1）平坡式，是把用地处理成一个或几个坡向的整平面，其坡度和标高没有剧烈的变化，见图 5-2。

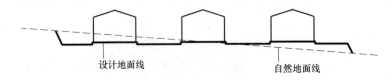

图 5-2　平坡式布置示意图

（2）台阶式，是由几个高差较大的不同整平面相连接而成的。在连接处一般设置挡土墙或护坡等构筑物，见图 5-3。

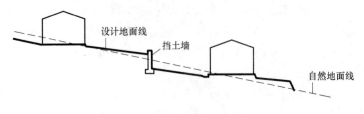

图 5-3　台阶式布置示意图（一）

（3）混合式，即平坡和台阶混合使用。如根据使用要求和地形特点，把建设用地分为几个大的区域，每个大的区域用平坡式改造地形，而坡面相接处用台阶连接。

2. 设计地面连接形式的选择

平坡式和台阶式是设计地面连接的两种基本形式。

平坡式一般适用于自然地形较平坦的场地。当场地内自然地形坡度小于3％，建筑密度较大，道路、铁路密集，地下管线复杂时，宜采用平坡式；当场地宽度很小，自然地形坡度虽然达到3％～4％时，也可采用平坡式。

台阶式多适用于自然地形坡度较大的场地。当场地自然地形的坡度大于3％时，可以采用台阶式；自然地形坡度虽然小于3％，但场地宽度过大（如500m），也可考虑采用台阶式；山区自然地形坡度较大，为避免大填大挖也多采用台阶式。采用台阶式布置，在建筑密度较小，而厂区交通运输较繁忙及地下管线复杂时，其使用和经济效果可能较差。若民用建筑总平面的使用要求、交通运输和地下管线都较简单时，可以尽量利用地形，采用台阶式的竖向布置既可以减少土石方工程量，又可以得到更好的景观。

总的来说，考虑设计地面连接形式选择的主要因素是：
(1) 用地的自然地形坡度；
(2) 建筑物的使用要求；
(3) 建、构筑物之间的交通运输联系；
(4) 场地面积的大小；
(5) 土石方工程量多少；
(6) 地质条件；
(7) 施工方法，即施工机械化水平；
(8) 室外工程投资和建设周期要求。

但应注意：在某些情况下，一些次要因素对设计地面连接形式的选择影响很大，如某厂区的自然地形坡度为7.5%～10%，照理，宜采用台阶式，但该厂区的宽度较窄，又采用机械化施工，为减少台阶式所引起的道路和挡土墙等室外工程的大量增加，以及业主希望使用更方便，最终，采用了平坡式。

所以，在选择设计地面连接形式时，要善于与业主沟通，充分了解业主的需求，通过综合技术经济比较，方能做出经济、合理的决定。

三、设计标高的确定

1. 影响设计标高确定的主要因素

(1) 用地不被水淹，雨水能顺利排除。在山区要特别注意防洪、排洪问题。在江河附近的用地，其设计标高应高出设计洪水位0.5m以上，而设计洪水位视建设项目的性质、规模、使用年限等确定，例如，滨海核电厂，其安全重要建筑物、构筑物的场地设计标高应高于设计基准洪水位，并应考虑相应的波浪影响。

(2) 满足工艺生产要求。例如直流发电厂，其主厂房的地面设计标高应考虑直流供水的经济性。

(3) 考虑地质条件、地下水位影响。如地下水位很高的地段不宜挖方；应尽量保证建筑物、构筑物的基础落在均匀、承载力满足要求的岩土上。

(4) 考虑场地内外道路、铁路连接的可能性，以及场地内建、构筑物相互间运输联系的可能性。对于没有运输要求的建、构筑物，其相互间的联系可仅按消防、人行和排水等要求考虑。

(5) 生产性建筑物底层地面标高，宜高出室外地面设计标高150～300mm，并应根据地质条件考虑建筑物沉降的影响。

(6) 场地主要出入口处的路面标高，宜高出基地外的路面标高。当低于基地外的路面标高时，应有可靠的截、排水设施。

(7) 尽量减少土石方工程量、边坡、挡土墙、基础工程量，一般情况下，如地形起伏变化不大的地方，应使设计标高尽量接近自然地形标高。在丘陵山区地形起伏变化较大，应在适度满足使用功能的前提下，充分利用地形，尽量避免大填大挖。

(8) **应为道路竖向设计创造良好的条件。**

(9) 应注意建筑物、构筑物、道路、铁路、管线、堆场的沉降。

2. 设计标高确定的程序

(1) 根据使用要求和场地地形条件，确定采用某一种整平方式。如采用混合式，则把用地划分为连续式和重点式的整平地段。

(2) 根据地形图和总平面布置图，选用最适合的设计地面连接形式，尽量减少土石方工程量。

(3) 根据用地的工程地质、地下水位等条件，结合使用要求和基础埋深等情况，确定适宜于填方和挖方的地区范围。

(4) 根据用地内外铁路、道路、管线等的连接条件，相邻地区的整平标高，雨、污水接口位置、管径、标高，彼此运输联系密切的建筑物、构筑物允许的高差等条件，合理地确定各建筑物、构筑物、道路、铁路等的标高。

为使土石方工程量最少，设计地面应力求与自然地形标高相接近。因此，各建筑物、构筑物布置地段的整平标高，宜等于该自然地形的平均标高。

考虑到建筑物、构筑物、管沟等开挖基槽的多余土方，在初定标高时，要比建筑物等所在地段的自然地形的平均标高稍高一些。

(5) 再按照用地的工程地质、水文、交通运输及其他条件，对所定的标高进行检查、校正，并作出土石方工程量的概算和编制初步土石方工程量平衡表。如果所定标高符合上述各项要求，则确定设计标高的工作就基本完成，否则还须进行必要的调整，直到符合要求为止。

(6) 当主要建筑物、构筑物、铁路、道路等的标高以及道路等的横断面确定以后，就可进行详细的竖向布置工作。

四、建筑物之间的详细竖向布置

建筑物之间的竖向布置要求是：应避免室外雨水流入建筑物内，并引导室外雨水顺利的排除；应保证建筑物之间的交通运输和管线有良好的衔接。

建筑物至道路的地面排水坡度最好在 1‰～3‰ 之间，一般允许在 0.5‰～6‰ 的范围内变动。建筑物的进车道（以下简称为引道）应由建筑物向外倾斜。通常建筑物室内地面标高应略高于道路中心的标高，见图 5-4。

当车间设有引道时，室内地面标高应尽可能接近室外地面标高，即一方面要使室内外地面有一定的高差，另一方面要保证引道、人行道和地面的坡度不能太

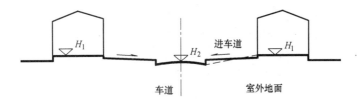

图 5-4　总平面竖向设计横断面示意图

大,宜控制在 0.3%～8%之间。

【设计要点 23】：在总平面布置时,应保证建筑物外墙至路边的距离足够(但不能浪费),这样既保证路灯、消防栓、交通标志、地下管线能合理布置和检修,又可使引道的坡度比较合适（引道长一些有利于调节引道的坡度,使它不会太陡）。

根据排水和运输要求,厂区建筑物的室内外地面高差一般为 0.15m。当车间没有引道时,主要考虑人行要求,室内外地面高差的幅度可以稍大些,一般室内地面比室外地面高出 0.30～0.60m,允许在 0.3～0.9m 的范围内变动。如果建筑物考虑布置半地下室,则可再加大一些室内外高差。

当道路为城市型时,建筑物之间的雨水一般是排至路边,然后沿路边的纵坡排入雨水口。道路中心标高一般应比建筑物的室外地面低 0.15～0.30m,详见图 5-5。

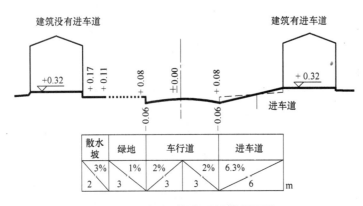

图 5-5　总平面竖向设计横断面图

不管是采用城市型道路,还是采用公路型道路,建筑物之间的竖向布置一般按下列顺序进行：

（1）确定建筑物的室外地面标高,并根据室内外地面高差确定室内地面标高。

（2）确定道路标高。

建筑物无进车道时,按建筑物与道路之间的地面所允许的排水坡度（0.5%～

6%），求出该区段道路标高的许可变动范围。

建筑物有引道时，须按通行车辆的类型，确定引道允许的坡度范围（如电瓶车道的坡度不大于4%；自行车道不大于3%；手推车道不大于2%；一般车行道为0.3%～3%，最大坡度宜控制在8%），再求出与引道连接处道路标高的许可变动范围。

（3）根据上述道路标高的许可变动范围，结合铁路、管线的布置情况，拟定道路纵断面。

（4）然后再确定引道的坡度。

（5）复核道路、引道和地面坡度是否合适，如果不合适，则做调整和优化。

（6）进行建筑物与道路间的地面排水组织。传统方法一般采用箭头法表示排水方向，并在变坡、转折处标明标高，如图5-6所示。

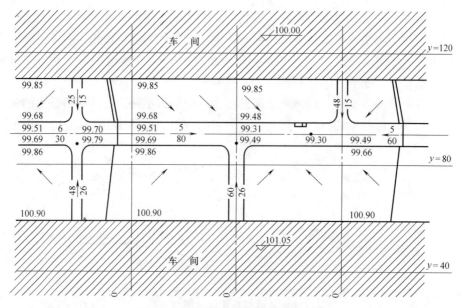

图5-6 室外地面和道路竖向布置图

上述是传统的竖向设计方法，强调城市型道路中心线的纵坡不能小于0.3%。在第二章中已阐明，道路纵坡应与地面坡度相协调，在平坦地区，不能为了排水而频繁改变道路的纵坡。当道路纵坡小于**0.3%**时，可采用锯齿形边沟来保证路面排水。同时，再次强调，道路竖向设计方法应采用等高线加设计标高和排水箭头，未来更宜采用三维设计方面。

在图5-6中，道路中心线最大高差99.70－99.30＝0.4m，是偏大的，导致引道的坡度可能偏大或偏小。

在自然地形起伏变化较大的地段，建筑物之间的竖向布置要综合考虑使用、运输、管线、排水等要求，并充分利用地形，减少土石方工程量。考虑上述要求，往往将建筑物布置在不同标高的台地上，采用这种竖向布置的处理方式见图5-7 和图 5-8。

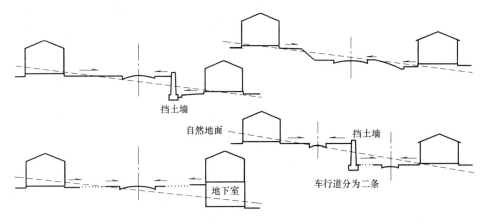

图 5-7　台阶式布置示意图（二）

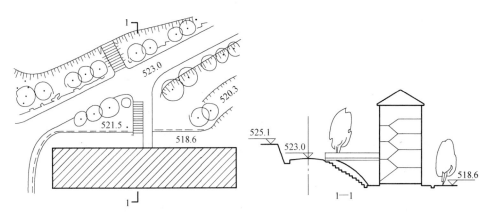

图 5-8　台阶式布置示意图（三）

五、场地排水

（1）场地应有雨水排水系统，场地雨水排除方式应根据竖向布置、地形、工程地质、地下水位、建筑密度、地下管沟布置、道路布置和环境状况等因素合理选择。排水方式一般分为三种：

1）暗管排水多用于建、构筑物比较集中的场地；运输线路及地下管线较多；面积较大，地势较平坦的地段；大部分屋面为内落水；道路利用雨水口排水等情况。

2）明沟排水多用于建、构筑物布置比较分散的场地；建、构筑物标高变化较多；道路标高高于建筑物标高的地段；埋置地下管道不经济的岩石地段；山坡冲刷带泥土易堵塞管道的地段。

3）地面自然渗排。

(2) 当采用雨水管道系统时，雨水口应按照道路和场地的竖向设计进行布置，雨水口的型式、数量和布置应按汇水面积范围内的流量、雨水口的排水能力、道路纵坡、路面类型等因素确定。雨水口间距宜为25～50m，**当道路纵坡较大时（路边雨水流速较大），应复核立箅式雨水口能否收集路边的雨水，如果不能有效地收集雨水，则应改为采用平箅式雨水口，当道路路边坡度（流速）偏大，可能需要并联布置2～3个雨水口。因此，当道路纵坡较大时，不宜加大雨水口的间距，实际上，雨水口的合理间距宜为25～35m**，间距太小会增加投资，同时，路上或地面上井盖偏多；间距太大不利于排水。

(3) 当采用雨水明沟排水时，排水明沟宜沿铁路或道路布置，并应减少交叉，当必须交叉时宜为正交。斜交时的交叉角不应小于45度。明沟应做护面处理，明沟断面及型式应根据水力计算确定。明沟起点深度不应小于0.2m，明沟纵坡不应小于0.3%，但有腐蚀介质的排水明沟的纵坡不应小于0.5%。当明沟纵坡较大时，应设置急流槽或跌水，其位置不宜设在明沟转弯处。

(4) 场地排水明沟或雨水管不宜在挡土墙、边坡顶侧平行布置，必须平行布置时，距墙顶或坡顶的距离不宜小于5.0m。

(5) 场地平整设计的最小坡度不宜小于0.5%，困难情况下不应小于0.3%，如有特殊措施，不使场地积水，设计坡度可小于0.3%，最大设计坡度不宜大于6%。

需要特别指出，不同性质的工程对场地的设计坡度有不同的规定，如民用建筑就规定，地面坡度大于8%时宜分成台地。因此，当准备设计某种类型的项目时，应先仔细阅读该类型工程的设计规范。

(6) 山区工程，如果边坡坡顶外的雨水会流入边坡，则应设截洪沟，截洪沟距坡顶的距离不宜小于5.0m，当土质良好、边坡较低或对截洪沟进行加固时，该距离可减少至2.5m。截洪沟不应穿越场地。

六、土石方工程

1. 总的要求

土石方宜达到挖方和填方工程总量最小，挖填平衡，运距最短。若明显不平衡时应选择合适的弃土场或取土场，并应考虑复土还田的可能性。

2. 回填区地质情况评估

如果回填区为水田、海滩、沟渠、池塘等时，则应根据具体情况采取适当的基底处理（排水疏干、挖除淤泥、抛填片石或砂砾、矿渣等）或地基处理措施（如插入塑料排水板）。

3. 场地平整时表土处理要求

（1）应把不符合回填要求的土、树根、农作物等挖掉，**改用合适的、级配良好的回填料进行分层回填。** 表层的耕土应暂时集中堆放，将来用于绿化及覆土造田。

（2）基底应除去草皮、植物性土壤、草、树桩、泥砂、泥浆、泥炭土和任何不合适材料。

（3）基底为较好的表土时，应按设计要求严格压实后，再进行回填。

4. 压实度要求

（1）**场地回填应规定合理的压实度，并明确压实标准是重型还是轻型的。** 由于场地平整时还未确定建构筑物、道路、管线的位置，因此，对整个场地的回填要求，有的设计院提出了很高的要求，有的设计院提出的要求偏低。作者建议：在场地平整阶段，统一要求压实度为0.92（重型压实标准），这是因为，随着人们的使用要求越来越高，一般希望采用水泥或沥青混凝土路面，《公路路基设计规范》规定，当三、四级公路铺筑沥青混凝土和水泥混凝土路面时，其压实度应采用二级公路压实度标准，即1.5m以下（路面底面以下深度）的压实度为0.92，1.5m以上的压实度为0.94。

当后期需要施工道路时，先检测道路路基范围内的压实度，如果上面土层不满足要求，则比较容易采取措施，如挖掉上面的回填土，重新回填压实。如果很深处的土层不满足压实度要求，则较难处理。

（2）**道路下管线四周的压实度不得降低要求，应不低于道路的压实度要求。** 因此，在场地平整阶段，压实度宜统一要求达到 **0.92**（重型压实标准）。

5. 回填料要求

（1）**回填料应有良好的级配。**

（2）应控制最大粒径，防止出现空洞，尤其是建、构筑物区域，应控制最大粒径，保证不影响可能的桩基施工。

（3）其他要求，例如，公路对路堤填料有最小承载比要求，并要求填料不易风化。

6. 对基底坡度的要求

在稳定山坡上的填方，当山坡陡于1∶5时，应将基底挖成阶梯形，台阶宽不应小于1m，台阶底应有2‰～4‰向内倾斜的坡度。

7. 场地平整标高与场地（最终）设计标高的关系。

建、构筑物基础埋深、路槽和绿地种植土须有一定的深度，室外还有大量地下管线，因此，场地平整标高宜低于场地最终设计标高，尤其是岩石区域，更应将场地平整标高定的比场地（最终）设计标高低，至少将表层的岩石炸松，否则，将来需要两次爆破，比较麻烦和不安全。

8. 土石方平衡的四条原则

(1) 土石方平衡应考虑各种因素

土石方工程量的综合平衡除场地平整的土石方量外，还应考虑下列因素：

1) 建、构筑物的基础及其地下室、设备基础、管线（含管沟、管廊等）基槽、排水沟、铁路和道路路槽等土石方工程量；

2) 符合工程实际情况的土壤松散系数；

3) 开山石料作为混凝土骨料的使用量；

4) 开山石料作为边坡、护坡、挡土墙、海工的使用量或外购量；

5) 海滩或软土地带填方以及所有应考虑的沉降量；

6) 开山石料作为地基处理的使用量或外购量；

7) 农田、水塘等腐殖土或表土清除量与回填利用量；

8) 场外工程土石方工程量；

9) 其他。

(2) 应考虑分期平衡和动态平衡

有的工程，如火电厂要求宜分期、分区考虑厂区挖填方量的平衡，后期工程土石方不宜在前期工程中一起施工，但应考虑后期开挖对前期工程生产运行的影响。

要求分期平衡的要求是合理的，尤其是后期工程用地没有得到施工许可时。但是，如果前期与后期工程的挖、填方严重不平衡时，强求分期土石方平衡就未必经济合理，例如，前期工程填方量大而挖方很少，这时，应力争与当地政府沟通，希望适当开采一些后期工程范围内的挖方，这样既有利于土石方平衡，又可以利用后期工程的挖方区域作为施工场地，即可以在厂外少租一些施工场地。

在场地平整时，有些负挖土石方还需等待较长时间才能挖出用于场地土石方平衡，因此，土石方平衡还应考虑动态平衡，例如，将施工堆场的标高先填的低一些，待负挖土石方挖出时，再加高施工堆场的标高至最终设计标高。

(3) 可调节性

土石方工程应力争考虑全面、计算准确，但鉴于工程的复杂性，最终土石方还是可能多一些或少一些，因此，土石方工程应有一定的调节性，例如，如果土石方最终多了一些，则可将绿地堆高一些。**需要特别指出，土石方工程应考虑全面、计算准确，否则，可能导致土石方严重不平衡，这是无法在场地内调节的。**

(4) 土石方工程不能过于强求就地平衡

有时受条件限制，土石方很难合理地做到就地平衡，如果强求就地平衡，则可能导致使用不便，增加运行费用，或可能存在隐患。例如，发电厂为了强求土石方就地平衡，只能抬高设计地面标高，这时可能会增加电厂的运行费用，同时，增加了回填高度。较高的回填土是很难压实的，如果按很严格的压实度施工,则费用大,施工工期长;如果放松压实要求,那么,将来回填土不断沉降,很难控制。

因此,土石方工程不能过于强求就地平衡。

作者建议:其实,每个地区通常有一定量的工程和采石场,有的工程可能有多余土石方,而有的工程缺土石方,何不成立一个土石方调节市场(或叫土石方银行),例如,某工程弃一些土可能更合理,这时就不强求就地平衡,将多余的土石方运至附近的土石方调节市场(暂租的弃土场),供附近其他工程使用,否则这些工程可能需要在外面开山取土。

【设计要点24】:土石方平衡的四条原则:(1)土石方平衡应考虑各种因素。(2)应考虑分期平衡和动态平衡。(3)可调节性。(4)土石方工程不能过于强求就地平衡。当无法就地、合理平衡时,应力求与附近工程合作共赢,进行土石方平衡。

9. 土石方计算

土石方计算通常采用土石方计算软件、方格网或横断面计算法。

(1)方格网计算法

传统的方格网计算公式存在一定的问题,应按附录A方格网土石方计算公式及要求进行计算。

(2)土石方计算软件

采用土石方计算软件计算土石方,首先需要对测绘公司提供的地形图(两维地形加标高)进行矢量化,实际上,测绘公司将三维测量模型转变为地形图(两维地形加标高),设计院再将地形图(两维地形加标高)转变为三维地形,这两个过程既多余,又产生一定的误差,何不测绘公司直接将三维测量模型提供给设计院,进行土石方计算。

第二节 总平面竖向布置与道路竖向设计的关系

道路竖向设计与场地竖向布置应有机结合,一方面道路竖向设计要服从场地总的竖向布置,另一方面,场地竖向布置要为道路竖向设计创造良好的条件。

例如,在平坦地区,如果场地的坡度小于0.3%,那么,道路不该为了排水,而频繁调整道路中心线的标高,使道路纵断面频繁高低起伏,如图5-9所示。

图5-9 道路纵坡调整示意图

在平坦地区，一个理想的交叉口，其中心线交点的标高应比四条直线段道路高或一样。

又例如，在保证场地竖向布置总体合理、经济的前提下，尽量不要或少出现**两高两低的交叉路口**，如图 5-10 所示。图中的交叉口，其西北侧高、东南侧低，对于这样的交叉口，其西北处的竖向设计比较难处理，同时，有大量的雨水越过交叉口，道路的横坡在不断变化，导致雨水不能及时排至路边，这对道路和交叉口的车辆行驶和排水是不利的。**对于两高两低这样的交叉口，尽量不要或少出现，但总平面竖向布置实在需要这样设计，也是可以接受的。**

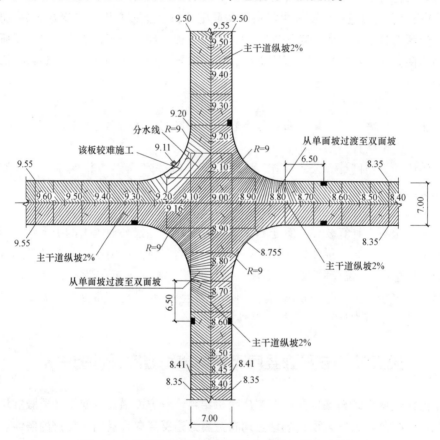

图 5-10 相邻两侧高另两侧低道路交叉口竖向布置图

在总平面竖向布置中，应避免出现三高一低的交叉路口，绝对不要将交叉路口的标高定的最低，这样的交叉口难以竖向设计，容易被水淹，而一旦被水淹，那么，两条道路都可能无法使用。

《上海市工程建设规范——城市道路设计规程》指出：交叉口设计范围内的纵坡宜小于或等于 2%，困难情况下不宜大于 2.5%，特殊情况下不应大于 3%；

《城镇道路工程设计规范》第7.2.5条指出，平面交叉口范围内道路竖向设计应保证行车舒顺和排水通畅，交叉口进口道纵坡不宜大于2.5%，困难情况下不应大于3%，山区城市道路等特殊情况，在保证安全的情况下可适当增加。

从中可见，规范要求交叉口的道路纵坡应尽量小一些，因此，在总平面竖向布置时，在保证使用和经济合理的前提下，场地的坡度宜不大于2.0%～2.5%，这样有利于道路交叉口的竖向设计和交通安全。

如图5-11所示，假如地形呈北高南低，那么，在保证使用和经济合理的前提下，宜将场地布置成北高南低，东西水平，同时，南北向道路的纵坡宜控制在2.5%以内，实在有困难，宜控制在3%以内。

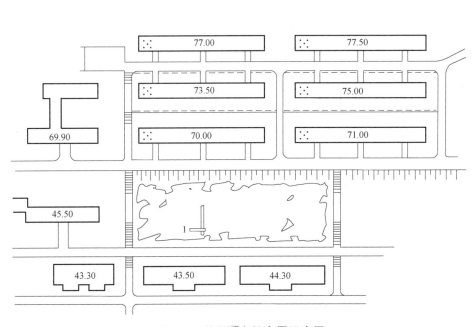

图5-11 总平面台阶布置示意图

如果上图的地形呈西北高、东南低，那么，在保证使用和经济合理的前提下，宜将场地也布置成西北高、东南低，同时，南北向和东西向道路的纵坡宜控制在2.5%以内，实在有困难，宜控制在3%以内。

【设计要点25】：需要将场地的竖向布置与道路的竖向设计作有机结合。一方面道路竖向设计要服从场地总的竖向布置，另一方面，场地竖向布置要为道路竖向设计创造良好的条件。

第六章 道路和总平面竖向设计实例

第一节 道路竖向设计实例

图 6-1 是一个在建工程的道路竖向施工图,该交叉口采用水泥混凝土路面,其 45 度处的横坡,靠路中心处约为 1.2%,靠路边约为 1.29%。

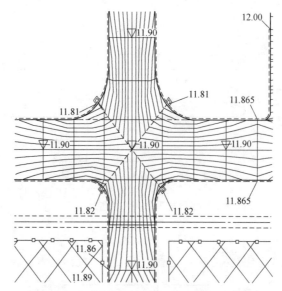

图 6-1 某电厂水泥混凝土路面交叉口竖向布置施工图

图 6-2～图 6-5 是现场照片。

图 6-2 某电厂水泥混凝土路面交叉口现场照片（一）

图 6-3 某电厂水泥混凝土路面交叉口现场照片（二）

第六章 道路和总平面竖向设计实例

图 6-4 某电厂水泥混凝土路面交叉口现场照片（三）

图 6-5 某电厂水泥混凝土路面交叉口现场照片（四）

从图片中可见：

（1）施工队按设计的施工图施工，在竖向上做得较好，据警卫员反映，该处交叉口下雨时不积水。

（2）用 30km/h 车速直行，以及用 25km/h 车速左转通过该交叉口时，感觉比较平顺，没有跳动，没有感觉左右摇晃。

（3）施工队没有按设计的分缝要求施工，导致分缝不合理。

（4）立缘石做得很差。

【设计要点 26】：（1）厂区、居住区、学校、商业区等工程的道路基本上由建筑工程队施工，实际上，建筑工程队通常不擅长道路施工，而市政工程公司一般不愿接区内道路的施工任务或要价较高。因此，首先，设计应完整、精细，并进行详细的施工图交底，以及常去现场指导。另外，建筑施工队应聘请有道路施工经验的专家进行技术指导。（2）道路交叉口和复杂路段一定要进行等高线设计（建议等高线间隔为 10mm），并根据等高线分析道路是否平顺，能否快速排水。

第二节 广场、停车场和人行道竖向设计实例

1. 广场竖向设计实例

图 6-6 是某乐园的照片，从图中可见，为了排水，在广场中间设雨水口，这虽然能排水，但存在下列问题：

（1）广场中心高低起伏，不美观。

（2）当下雨时，雨水口旁可能积水，这将导致在广场中间积水，这是不合理的。道路、广场排水的

图 6-6 某乐园下小雨时的照片

基本原理是：路（广场）中间的雨水通过较大的横坡快速排至路（广场）边的排水沟或低洼处，如果采用雨水口排水，则再通过路（广场）边的纵坡将水排至雨水口中；如果雨量较大，则在路（广场）边积一点水。广场、停车场、人行道也应按照这个基本原理进行竖向设计。

2. 停车场竖向设计实例

图 6-7 为某停车场的平面布置图，图 6-8 为该停车场的横断面图。

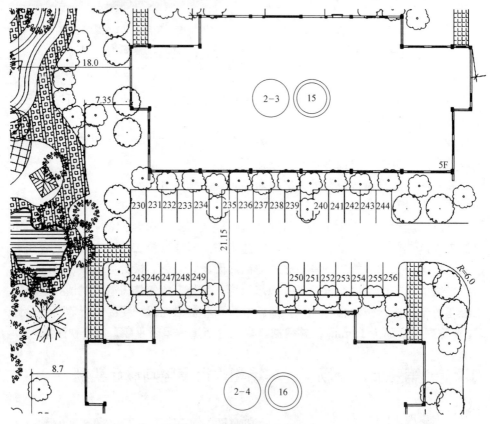

图 6-7　停车场平面布置图

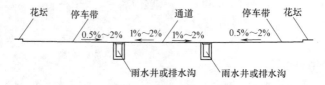

图 6-8　停车场横断面图

在停车场的四周以及停车位的中间，宜种一些大树，这样既美化环境，又可以遮阳，防止汽车被暴晒。

在路面结构方面，通道宜采用沥青或水泥混凝土路面，停车带宜采用植草砖和铺砌连锁砖。

在竖向设计方面，通道宜采用双面坡，当通道的纵坡小于0.3%时宜采用锯齿形边沟；停车带坡向路边，总体上显得较平顺，排水效果较好。

3. 人行道竖向设计实例

图6-9是某乐园的入口道路，由于横坡偏小，以及施工误差，导致路上积水。

图6-9 某园区人行道积水情况

对于人行道而言，其横坡一般取1%~2%，为了快速排水，宜采用2%，只要不影响道路（人行道）的美观。

【设计要点27】：为何要优先采用2%的横坡？这是因为，（1）可以更快排水。（2）防止施工误差，如果横坡取0.5%，那么，施工稍有误差就可能导致积水或排水不畅。(3) 防止路面路基出现沉降，如果横坡取的较小，那么，一旦路面路基出现沉降，就可能导致路面积水或排水不畅。

第三节 总平面竖向设计实例

1. 区内室外地面与区外道路的竖向关系

上海市城市规划条例征求意见稿中要求基地室外地面标高比相邻城市道路中心线标高高200mm，但正式出版的条例中把该要求去掉了。

设计人员应该关注这些变化,意见稿是想表达一层意思,即要求基地的室外地面标高比外界道路标高高一些,以防基地积水,但实际上很难作统一的规定。

【设计要点28】:在进行区内总平面竖向布置时,应将区内的室外场地标高定的比相邻外界道路高一些。

2. 室内地面与室外地面的竖向关系

《工业企业总平面设计规范》第7.2.4条规定:建筑物的室内地坪标高应高出室外场地地面设计标高,且不应小于0.15m。

如果是厂区,则按《工业企业总平面设计规范》规定,建筑物的室内地坪应高出室外场地的设计标高,且不应小于0.15m。

《民用建筑设计通则》JGJ 37—87(已作废)第3.3.3条规定:建筑物底层地面应高出室外地面至少0.15m。

《民用建筑设计通则》GB 50352—2005 第5.3.3条规定:建筑物底层出入口处应采取措施防止室外地面雨水回流。

民用建筑对室内外高差的规定做了修改,原规范强制规定建筑物底层地面应高出室外地面至少0.15m,是为了防止室内地面被水淹。但这样强制规定也存在一个问题,即有些建筑,如商店希望室内外高差尽量小,但规范要求不小于0.15m,那么,建筑底层只能设一个台阶,而设一个台阶需要增加平台,尤其是0.15m的高差较小,可能被人疏忽,而导致行人摔倒。

因此,《民用建筑设计通则》GB 50352—2005不强行规定室内外高差,而是规定:建筑物底层出入口处应采取措施防止室外地面雨水回流。

假定建筑底层的外墙紧靠路边,如图6-10(平面图)和图6-11(断面图)所示,建筑外墙至路边立缘石为公共人行道,不允许被建筑台阶或坡道占用。在

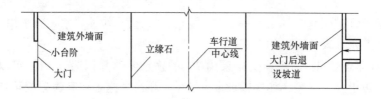

图 6-10 建筑台阶和坡道平面图

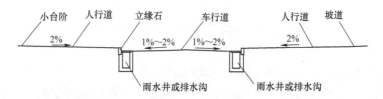

图 6-11 建筑台阶和坡道横断面图

这种情况下，首先应请求市政设计院，让人行道横坡尽量取 2%，这样，既可以快速排水，又使建筑外墙处的地面标高尽量比路边立缘石顶高的多一些，具体有下列几种设计方法：

（1）方法一：在大门处设 15mm 陡坎，其好处是行人进出建筑方便，尤其是满足无障碍设计要求；但建筑容易被水淹，因此，需要作防水淹措施，例如，门下部应设槽口，当外面积水时，槽口中插入挡水板；

（2）方法二：大门后退，设一步台阶，其好处是室内比室外高一些，相对不易被水淹。但一步台阶占了一条通道的面积，而且，一步台阶不易被发现，行人容易摔倒，另外，台阶对老人和行走不方便人士不方便；

（3）方法三：大门后退，设两步台阶，其好处是室内比室外高一些，相对不易被水淹。但两步台阶占了一条通道的面积，另外，台阶对老人和行走不方便人士不方便；

（4）方法四：大门后退，设一段缓坡（如图 6-10、图 6-11 的右侧所示），坡度不大于 8%，其好处是室内比室外高一些，相对不易被水淹。但该坡度占了一条通道的面积，同时，由于室内外高差还是较小，因此，还是需要做防水淹措施。

方法四相对比较合理，但对穿高跟鞋的女士可能有点不舒适。

目前，有些设计将室内地面做得比室外地面低，这是很危险的，一旦下暴雨，室内很可能被水淹，如图 6-12 所示是某新建的大型商业建筑，其室内地面比室外地面低，虽然在门口设了排水槽，但下暴雨时，雨水很可能进入室内。

其实，应在排水槽处设一长条立缘石，从大门处将地面坡向立缘石顶（注：一长条立缘石，当高差约 150mm 时，行人会及时发现的，不会绊脚），这样既能防水淹，又能防车辆恶意冲撞。再者，150mm 的高差容易设无障碍坡道，以方便老人和行走不方便人士。

图 6-12 某商场室内外地面照片

【设计要点 29】：（1）设计师应正确理解规范，当规范出现修改时，应搞清楚，规范为何作这样的修改。（2）在正常情况下，建筑室内地面应比室外地面高一些，如果无法高于室外地面，则应采取防水淹措施。

3. 室外地面的精细化设计

见图1-12（第8页）是某商业区，上面人行道的坡度较合适，但靠近路边的人行道坡度太大，而且，该段人行道很短，不容易引起注意，如果下雨或下雪天，路较滑，则行人容易滑倒。

见图1-13（第8页）是上面的同一商业区，台阶底与路边之间接了一段很陡的人行道，这非常危险，这段人行道很短，不易被发现，行人从平坦的台阶下来，突然走在该段很陡的人行道上，非常容易摔倒，尤其是下雪或下雨天，或女士穿着高跟鞋。

因此，每个厂区、居住小区、学校，或商业区，都应该设计一张完整、精细的总平面竖向布置图，首先，将基地和子项四周的路边和（或）立缘石标高（竣工或施工图）标在图中，然后把建筑门洞处的室内地面标高标在图中，并按建筑单体设计图将每一个台阶或坡道的底标高标在图中，最后，明确台阶或坡道通过人行道或引道是接立缘石的顶还是路边，并计算和分析人行道或引道的纵坡是否合适。

《厂矿道路设计规范》GBJ 22—87规定，厂区内支道、车间引道的最大纵坡为9%，当场地条件困难时，支道、车间引道的最大纵坡可增加2%，但在海拔2000m以上地区，不得增加；在寒冷冰冻、积雪地区，不应大于8%。交通运输较繁忙的车间引道的最大纵坡，不宜增加。因此，如果厂区内上述引道（或人行道）所计算的最大纵坡不符合规范，则必须作修改，如果上述引道（或人行道）所计算的纵坡偏大或偏小（不利于排水），则应进行优化。

《民用建筑设计通则》第5.3.1条建筑基地地面和道路坡度应符合下列规定：

（1）基地地面坡度不应小于0.2%，地面坡度大于8%时宜分成台地，台地连接处应设挡土墙或护坡；

（2）基地机动车道的纵坡不应小于0.2%，亦不应大于8%，其坡长不应大于200m，在个别路段可不大于11%，其坡长不应大于80m；在多雪严寒地区不应大于5%，其坡长不应大于600m；横坡应为1%～2%；

（3）基地非机动车道的纵坡不应小于0.2%，亦不应大于3%，其坡长不应大于50m，在多雪严寒地区不应大于2%，其坡长不应大于100m；横坡应为1%～2%；

（4）**基地步行道的纵坡不应小于0.2%，亦不应大于8%，多雪严寒地区不应大于4%，横坡应为1%～2%；**

（5）基地内人流活动的主要地段，应设置无障碍人行道。

第5.3.2条要求建筑基地地面排水应符合下列规定：

（1）基地内应有排除地面及路面雨水至城市排水系统的措施，排水方式应根据城市规划的要求确定，有条件的地区应采取雨水回收利用措施；

(2) 采用车行道排泄地面雨水时，雨水口形式和数量应根据汇水面积、流量、道路纵坡等确定；

(3) 单侧排水的道路及低洼易积水的地段，应采取排雨水时不影响交通和路面清洁的措施。

第5.3.3条规定：建筑物底层出入口处应采取措施防止室外地面雨水回流。

因此，如果上述引道（或人行道）所计算的最大纵坡不符合《民用建筑设计通则》的规定，则必须作修改；如果上述引道（或人行道）所计算的纵坡偏大或偏小（不利于排水），则应进行优化。

【设计要点30】：每个工程应设计一张完整、精细的总平面竖向布置图，(1) 将基地和子项四周的路边和（或）立缘石标高（竣工或施工图）标在总平面布置图中。(2) 把建筑门洞处的室内地面标高标在图中，并按建筑单体设计图将每一个台阶或坡道的底标高标在图中。(3) 明确台阶或坡道通过人行道或引道是接道路立缘石的顶还是路边，并计算人行道或引道的纵坡。(4) 如果纵坡太大或偏小，则应修改或优化。(5) 强烈建议采用等高线设计方法对基地内的道路、广场、停车场、引道、人行道和其他铺砌场地进行完整、精细的竖向设计，唯有这样，才能及时发现问题，做出完美的工程。

第七章 道路和总平面竖向设计总结

第一节 设计要点汇总

【设计要点01】：在正常情况下，主要出入口的引道，它与路边的连接点应设为分水点，让雨水向两侧排。详见 P5 的详细描述。

【设计要点02】：通常台阶或坡道底标高应比路边标高高一些，以便引道向外排水，保证台阶、坡道和引道不积水。详见 P6 的详细描述。

【设计要点03】：道路和人行道的横坡宜大一些，可取 1%～2%，多雨地区宜取 2%，以便路上雨水快速排向路边，只要不影响道路的美观。详见 P7 的详细描述。

【设计要点04】：双面坡道路与其他道路连接时，其道路中心线与路边的交点应定为分水点，让两条路在竖向上顺接，以便雨水向两侧快速排放。道路竖向连接切忌反向，这会导致路面在竖向上扭曲，这既难看，又不利于排水。详见 P7 的详细描述。

【设计要点05】：将交叉口设为最低点，是极其不合理的，因为，这样交叉口容易积水，而一旦积水二条路均可能瘫痪。详见 P9 的详细描述。

【设计要点06】：对交叉口和复杂路段，应采用设计等高线法进行竖向设计，等高线间隔应为 10mm，唯有这样，才能看清交叉口是否平顺，能否通畅排水。详见 P15 的详细描述。

【设计要点07】：当道路纵坡小于 0.3% 时，区内道路的直线和圆弧段宜将整幅路（4m 宽单面坡）或半幅路（6～9m 宽双面坡）的横坡进行变化，即分水点处的道路横坡约为 1.0%～2.0%，在雨水口处约为 2.0%～3.0%，使分水点与雨水口之间的路边纵坡达到或稍微大于 0.3%。当路边建筑有较多落水管时，可缩小雨水口的间距，以便就近接入落水管中的雨水，同时，有利于采用城市道路的锯齿形边沟设计方法，或者可缩小分水点与雨水口处的横坡差值，使道路更平顺。详见 P24 的详细描述。

【设计要点08】：(1) 道路交叉口尽量正交，斜交的水泥混凝土路面交叉口很难分缝和竖向设计以及施工。(2) 水泥混凝土路面交叉口 45 度线的平均坡度宜采用 0.8%，交叉口中心处的坡度宜取 0.6%，这既可以保证交叉口中心处较平顺，又满足排水需要；路边坡度约 1%，以便保证排水。(3) 沥青混凝土路面交叉口45度线的路拱宜采用抛物线形,其平均坡度宜采用0.8%～1.0%,交叉口中心处的坡度宜取0.5%,这既可以保证交叉口中心处较平顺,又满足排水需要;路边坡度约为1%,以便保证排水。(4)雨水口应根据具体情况,布置在直圆点旁或圆弧中间。(5)水泥混凝土路面交叉口施工有一定难度,因此,这样的连接方式宜少采用。(6)由于交叉口中心处的坡度偏小,因此,应特别确保交叉口范围内的道路施工质量,以防路面路基出现沉降和车辙,因为一旦出现一点沉降和车辙,就可能导致路上积水。详见P41的详细描述。

【设计要点09】:要合理布置路网,一般情况下,交叉口间距不该偏小。区内道路交叉口竖向设计,既要参照城市道路和公路的设计原则,又应该结合区内道路的实际情况(城市道路交叉口的间距一般较大,而区内道路交叉口的间距可能很小),采取灵活、合理的竖向设计方法,例如,两条同等级的道路相交,有时可人为地将其中一条道路降为低一级道路,让它去接另一条道路的路边。反之,也可人为地提高次要道路的等级,让它去接另一条主要道路的路中心标高。详见P54的详细描述。

【设计要点10】:(1)如果道路宽度大于等于6m时,则原则上采用双面坡。(2)小于等于4m～4.5m宽的道路,可加宽或维持道路宽度不变,采用双面坡道路;这时半幅路较窄,其横坡宜大一些,尤其是雨水口处的横坡应大一些(如取3.0%),并宜优先采用平箅式雨水口,并适度增加排水能力。(3)小于等于4m～4.5m宽的道路,也可采用单面坡道路,但应做好空地的绿化,以防雨水夹带泥土越过道路;如果路边至建筑外墙之间的铺砌场地面积较大,或无法保证雨水不夹带泥土越过道路,则应在高的一侧路边设排水明沟以截住雨水越过道路。同时,应优化单面坡道路与其他道路的竖向衔接,尽量顺接。详见P59的详细描述。

【设计要点11】:需要注意的是,如果道路很窄,无论双面坡,还是单面坡,那么,道路横坡应大一些(雨水口处宜取2.5%～3%,但不应大于3%),同时,可结合道路两侧建筑的落水管排水,使雨水口间距缩小一些,另外雨水口的排水能力应提高一些,以便及时排除路上和两侧空地的雨水。对于窄的道路,如果积少量水,那么,整个路幅都可能积水。详见P62的详细描述。

【设计要点12】:(1)区内道路的路拱形式,首先应根据用地大小、统一排水等要求,确定是采用单面坡还是双面坡。(2)单面坡道路宜采用直线型路拱。(3)水泥混凝土双面坡道路应采用折线型路拱。(4)沥青混凝土双面坡道路宜采用直线加圆弧形路拱,当路宽大于等于9m时,也可采用城市道路的做法,但必须对平缘石作改进。详见P62的详细描述。

【设计要点13】:总图(包括道路、建筑、规划)设计师应与给排水专业人员合作,分析每个雨水口所承担的排水量,对于较窄的道路,如果雨水口承担的排水量较大，那么，可能需要优先采用平箅式雨水口，应防止立箅式雨水口在箅前积一定深度的雨水。详见 P64 的详细描述。

【设计要点 14】：(1) 当采用平箅式雨水口时，井圈顶标高按道路竖向设计控制标高，盖板沿口与井圈顶平齐。(2) 盖板中间比四周低 10mm，其高差按 1:4 或 1:2 倒角，在保证强度和刚度的前提下，盖板中间宜多开泄水孔，其总泄水面积应尽量大一些，但每一个孔的大小应合适，要求既保证排水，尽量不让雨水越过雨水口，又能防止树叶进入雨水口，如图 2-83 所示。(3) 对于区内道路，由于没有高差的规定，因此，当采用锯齿形边沟时，雨水不会越过雨水口，平箅式雨水口的井盖与四周路面的高差可取 5mm，这既满足排水要求，又能保证骑车者经过盖板时产生的跳动非常小。详见 P68 的详细描述。

【设计要点 15】：如果准备采用立箅式雨水口，那么，设计前应明确立箅式雨水口的进水孔高度以及进水孔底面离外顶的距离，雨水口处的路面设计标高应高于进水孔底面控制标高 10mm 或 10mm 以上，同时，雨水口处的立缘石高度宜为 180～200mm，这要求采购的立缘石（带进水箅子），其进水孔底面标高离立缘石外顶的距离应大于等于 200mm，同时，进水孔高度宜大一些，如 140mm。再者，为了快速排水以及防止树叶进入雨水口，在保证立缘石强度的前提下，进水孔的总面积应大一些，但每一个孔的面积应适度。详见 P69 的详细描述。

【设计要点 16】：下列情况应优先采用平箅式雨水口：

(1) 路边纵坡较大时；

(2) 路边没法设置可高出路边约 160mm 的立缘石；

(3) 路宽较小时。

其他情况可根据实际情况，选择平箅式、立箅式或联合式雨水口。例如：

(1) 有的业主，非常反感平箅式雨水口盖板所发出的响声，这时，如果无法保证平箅式雨水口盖板不发出响声，则可在保证排水的前提下优先采用立箅式雨水口。

(2) 在有些地区，人员素质暂时还不高，经常往平箅式雨水口中扔垃圾、烟蒂，清洁工人使用扫帚扫地，这时，可在保证排水的前提下优先采用立箅式雨水口。详见 P72 的详细描述。

【设计要点 17】：建筑外墙四周宜考虑布置排水明沟，这样，明沟可以及时收集落在建筑外墙面上的雨水，建筑外墙面上的雨水不会流过铺砌场地或人行道，再流向路边，即人行道不易积水；有时，人行道可能较宽，或横坡偏小，或高层建筑外墙面上的雨水流向人行道，导致人行道上积一层水，人走在上面，容易把鞋弄湿，或把裤脚和鞋面弄脏。详见 P72 的详细描述。

【设计要点 18】：(1) 在交叉口范围内，道路的纵坡不宜大于 2%；(2) 对于平坦地区的十字形交叉口，交叉口中心的标高应尽量比四条直线段道路高或一样；(3) 如果场地呈一高一低和两侧水平，那么，交叉口应按第三章第一节的要求进行竖向设计；(4) 实际上，对于相邻两侧高另两侧低这样的交叉口，要兼顾行车平顺和排水通畅是很难的，因此，应尽量避免出现这样的交叉口，更应避免出现三高一低（交叉口比三条道路低）的交叉口，绝对不要把交叉口的标高定的比四条道路均低。详见 P84 的详细描述。

【设计要点 19】：(1) 大门应布置在道路直线段上，尽量不要布置在道路交叉口范围内。(2) 在竖向设计时，宜将大门中心线处设为分水点，即雨水由大门中心线向两侧排水。(3) 竖向设计前，应让业主确定门的形式。(4) 根据门对轨道的坡度要求，进行针对性竖向设计。(5) 大门至区外道路路边这段连接道路，其纵坡宜大一些（例如采用 2%），以防区外道路标高将来抬高。详见 P86 的详细描述。

【设计要点 20】：如图 4-3 所示，(1) 广场布置宜分 3 类用地，即车辆和人行集中的区域（简称为人行道）、一般铺砌场地、绿地和水池。从交通安全和反恐角度看，车辆应限制在一定范围内行驶。(2) 在人行道区域，其横坡宜大一些，如 1%～2%，并宜在人行道边缘设雨水口或排水沟，以便快速排除雨水。(如果横坡取很小，则人行道上可能积一定深度的雨水，哪怕是一层薄薄的水，也容易把鞋弄湿)。(3) 在绿地和水池边，宜根据汇水面积（宽度）确定是否设雨水口或排水沟。(4) 一般铺砌场地的横坡宜取 0.5%～1.0%，让广场显得平坦一些，其排水速度可能慢一点，但这是可以接受的，这是因为，一般铺砌场地不像人行道，其通行是必需的，下雨时人员一般不会在一般铺砌场地上行走和休闲。(5) 在图 4-3 中，如果人行道边离花坛边之间的铺砌场地的宽度较小，则可以让该范围内的雨水排至人行道边上的雨水口或排水沟；如果该宽度较大，则该铺砌场地可将雨水排向两边的雨水口或排水沟；如果该铺砌场地的宽度很大，则可在铺砌场地的中间加设雨水口或排水沟。详见 P88 的详细描述。

【设计要点 21】：(1) 通道宜采用双面坡，如果路边纵坡大于等于 0.3%，则横坡统一采取 1%～2%；如果路边纵坡小于 0.3%，则参照道路锯齿形边沟设计方法进行竖向设计。(2) 停车带的横坡宜取 1%～2%，为了更快排水，横坡可优先取 2%。(3) 一般情况下，通道与停车带之间的立缘石高度宜为 20mm，如果考虑无障碍设计，那么，通道与停车带之间的立缘石高度宜为 10mm。详见 P90 的详细描述。

【设计要点 22】：(1) 广场的铺砌材料应防滑、适度吸水（从排水的角度看，能做透水路面更好）、美观以及容易清洁。(2) 砖宜采用连锁砖结构，砖之间的缝应连通，并垂直于人行道中心线。(3) 人行道的横坡宜大一些，以便快速排水，只要不影响美观。(4) 人行道的纵坡不应大于 8%，多雪严寒地区不应大于 4%。详见 P91 的详细描述。

【设计要点 23】：在总平面布置时，应保证建筑物外墙至路边的距离足够（但不能浪费），这样既保证路灯、消防栓、交通标志、地下管线能合理布置和检修，又可使引道的坡度比较合适（引道长一些有利于调节引道的坡度，使它不会太陡）。详见 P97 的详细描述。

【设计要点 24】：土石方平衡的四条原则：（1）土石方平衡应考虑各种因素。（2）应考虑分期平衡和动态平衡。（3）可调节性。（4）土石方工程不能过于强求就地平衡。当无法就地、合理平衡时，应力求与附近工程合作共赢，进行土石方平衡。详见 P103 的详细描述。

【设计要点 25】：需要将场地的竖向布置与道路的竖向设计作有机结合。一方面道路竖向设计要服从场地总的竖向布置，另一方面，场地竖向布置要为道路竖向设计创造良好的条件。详见 P105 的详细描述。

【设计要点 26】：（1）厂区、居住区、学校、商业区等工程的道路基本上由建筑工程队施工，实际上，建筑工程队通常不擅长道路施工，而市政工程公司一般不愿接区内道路的施工任务或要价较高。因此，首先，设计应完整、精细，并进行详细的施工图交底，以及常去现场指导。另外，建筑施工队应聘请有道路施工经验的专家进行技术指导。（2）道路交叉口和复杂路段一定要进行等高线设计（建议等高线间隔为 10mm），并根据等高线分析道路是否平顺，能否快速排水。详见 P107 的详细描述。

【设计要点 27】：为何要优先采用 2% 的横坡？这是因为，（1）可以更快排水。（2）防止施工误差，如果横坡取 0.5%，那么，施工稍有误差就可能导致积水或排水不畅。（3）防止路面路基出现沉降，如果横坡取的较小，那么，一旦路面路基出现沉降，就可能导致路面积水或排水不畅。详见 P109 的详细描述。

【设计要点 28】：在进行区内总平面竖向布置时，应将区内的室外场地标高定的比相邻外界道路高一些。详见 P110 的详细描述。

【设计要点 29】：（1）设计师应正确理解规范，当规范出现修改时，应搞清楚，规范为何作这样的修改。（2）在正常情况下，建筑室内地面应比室外地面高一些，如果无法高于室外地面，则应采取防水淹措施。详见 P111 的详细描述。

【设计要点 30】：每个工程应设计一张完整、精细的总平面竖向布置图，（1）将基地和子项四周的路边和（或）立缘石标高（竣工或施工图）标在总平面布置图中。（2）把建筑门洞处的室内地面标高标在图中，并按建筑单体设计图将每一个台阶或坡道的底标高标在图中。（3）明确台阶或坡道通过人行道或引道是接道路立缘石的顶还是路边，并计算人行道或引道的纵坡。（4）如果纵坡太大或偏小，则应修改或优化。（5）强烈建议采用等高线设计方法对基地内的道路、广场、停车场、引道、人行道和其他铺砌场地进行完整、精细的竖向设计，唯有这样，才能及时发现问题，做出完美的工程。详见 P113 的详细描述。

第二节 竖向设计总结

一、竖向设计总结

综上所述,作如下竖向设计总结:

1. 应特别关注上述 30 个设计要点,并活学活用。

2. 如果场地的坡度水平或小于 0.3% 时,那么,道路纵坡应与场地坡度相协调,不该为了道路排水而频繁改变道路的纵坡。当道路纵坡小于 0.3% 时,可设置锯齿形边沟。

3. 关于路拱形式和合理坡度,详见第二章第五节。

4. 平面交叉口不宜出现错位或四条路以上的交叉;相交道路应尽可能正交,斜交时不应小于 70 度;平面交叉口范围内道路宜采用直线;在交叉口范围内,道路的纵坡不宜大于 2.0%。平面交叉口宜简单,便于交通组织、地下管线布置和道路竖向设计。

5. 雨水口间距宜为 30m,可以在 25～35m 之间选择;应明确每一个雨水口的汇水面积,并复核雨水口的排水能力。如果路边有较多的建筑落水管,那么,可适当增加一侧或两侧的雨水井,这样做虽然增加了雨水井和雨水检查井,但有利于落水管就近接入雨水检查井,以及有利于道路锯齿形边沟的布置,详见第二章第一节。

6. 道路竖向设计与场地竖向布置应有机结合,一方面道路竖向设计要服从场地总的竖向布置,另一方面,场地竖向布置要为道路竖向设计创造良好的条件,尤其要为交叉口竖向设计创造好的条件。

在平坦地区,一个理想的交叉口,其中心线交点的标高应比四条直线段道路高或一样。

当地形一高一低,两侧水平时,交叉口中心线交点的标高应比三条道路高,纵坡宜控制在 2%～2.5% 以内。

对于两高两低这样的交叉口,要兼顾行车平顺和排水通畅是很难的,因此,应尽量避免出现或少出现这样的交叉口,但总平面竖向布置不得已这样设计时,也是可以接受的。

应避免出现三高一低的交叉口,绝对不要把交叉口的标高定的比四条道路均低。

7. 目前,从区内道路设计、施工、监理,再到业主管理,大家对道路竖向设计和施工不够重视。道路往往最后施工,这时工期往往很紧张,投资又超了,所采取的方法往往是降低道路的设计标准,匆匆施工赶进度。

厂区、居住区、学校、商业区的道路基本上由建筑工程队施工，实际上，建筑工程队通常不擅长道路施工，而市政工程公司一般不愿接区内道路的施工任务或要价较高。因此，首先，设计应完整、精细，并进行详细的施工图交底，以及常去现场指导。业主可在控制成本的前提下，请公路或市政道路施工单位来施工区内道路，或者建筑施工队应聘请有道路施工经验的专家进行技术指导。

8. 目前，在区内道路设计中，一般设计院不对道路交叉口做详细的竖向施工图，市政设计院在做区内道路和市政道路时，对水泥混凝土路面，他们一般采用方格网法，即标注每块板四个角的设计标高，不画详细的等高线；对沥青混凝土路面，他们一般加一些辅助线，在辅助线上加一些标高，不画详细的等高线。由于未作等高线分析，设计中存在的问题未能及时被发现。因此，作者建议，对交叉口和一些复杂路段，应作详细的等高线设计和分析，以便及时发现问题，并修改和优化设计。

9. 建议软件公司开发道路竖向设计软件，以便智能地对道路和交叉口作三维竖向设计，通过仿真模型的三维显示，模拟排水和汽车行驶，分析交叉口在竖向上是否平顺？排水是否通畅？

10. 上述有关道路竖向设计的方法和原理，主要适用于厂区、学校、居住区和商业中心等设计车速较慢的道路工程，市政道路应由市政设计院进行专业设计。

11. 许多设计院认为，要进行详细竖向设计，就得花很多的时间和精力，不值得。因此，有必要对道路竖向设计作一些标准化工作，以提高设计效率，即通过编制交叉口和特殊路段的标准图（见附录C 常用道路交叉口竖向设计标准图，CAD可编辑版，将来会不断补充和完善），将其作为标准件，放在竖向设计图中，然后，再设计两个交叉口之间的直线或曲线段。这样，可快速、高效地完成大部分道路的竖向设计。但是，一些工程还会遇到一些复杂、特殊的交叉口，因此，建议设计院招聘少量道路专业设计人才，以便提高道路竖向、路基路面和交通组织等设计水平，使整个工程设计趋于完美。

12. 附录B是道路竖向设计步骤（教程），它提供CAD可编辑版，建议您跟着它做一遍；如果您跟着它认真做，相信您一定受益匪浅，就能基本掌握区内道路竖向设计原理和方法；如果有个别处不理解，或有好的建议，可与作者和同行进行交流，以便共同提高道路竖向设计水平和效率。

二、结束语

见图1-13（第8页）所示，台阶底与路边之间这段人行道的坡度太陡，既不符合规范，又容易导致行人摔到。

为何会出现这样的错误，可能是设计院没有对整个工程作完整、精细的竖向设计，没有对道路、人行道、铺砌场地等作等高线（坡度）分析。

其实施工单位和监理人员也应该对竖向设计要求有所了解，当施工放样时发现坡度偏陡，施工单位应及时向设计院反映情况；如果施工单位没有发现问题，那么，监理人员也应及时发现问题，并及时采取措施。

再者，业主在验收时，也该发现这段人行道的坡度太陡，是存在问题的，他应该及时与设计院和施工单位协商，并最终解决问题；否则，万一行人摔伤了，就造成严重后果了。

因此，非常有必要向设计院、施工单位、监理公司和业主普及区内道路竖向设计原理和方法，通过精心设计（对总平面布置、道路、广场、停车场、人行道、引道、铺砌场地等作完整和精细的竖向设计）、认真施工、严格监理、业主苛刻要求和管理，将一个工程建设的完美无瑕。

附录 A 是方格网土石方计算公式及要求。

附录 B 是道路竖向设计步骤，仅提供 CAD 版，请登录中国建筑工业出版社官网 www.cabp.com.cn→输入书名或征订号查询→点选图书→点击配套资源即可下载。（重要提示：下载配套资源需注册网站用户并登录）。

附录 C 是常用道路交叉口竖向设计标准图，仅提供 CAD 版，请登录中国建筑工业出版社官网 www.cabp.com.cn→输入书名或征订号查询→点选图书→点击配套资源即可下载。（重要提示：下载配套资源需注册网站用户并登录）。

附录 A　方格网土石方计算公式及要求

摘要：原方格网土石方计算公式中有三个公式是错误的，即一点挖方另三点填方情况下，计算填方的公式明显是错误的；还有当两点填方另两点挖方时，计算挖方和填方的公式也是有问题的。另外，用不同公司推出的土石方计算软件去计算同样的方格网，其计算结果有一定的差异。为此，本文对方格网土石方计算公式进行了重新研究和推导，利用新推导公式计算出的土石方与用 ANSYS 有限元计算软件所计算的体积是完全吻合的。发表本文的目的，一方面需对原计算公式进行修正；另一方面想向软件公司提供一种正确和精确的计算方法，以便软件公司所开发的计算软件是正确、精确和可信的。

关键词：土石方、填方、挖方、方格网、新旧计算公式

1. 概述

目前，国内有关土石方工程量的计算主要采用横断面法、方格网和其他计算法，其中，方格网法主要采用下列公式进行计算：

（1）四点全为填方或挖方

当方格网四点全为填方或挖方时，其计算简图如附图 1 所示，计算体积 V 的公式为：

$$V = \frac{1}{4} \times L^2 \times (h_1 + h_2 + h_3 + h_4)$$

式中 $h_1 \sim h_4$ 为四个角点的填方或挖方高度，L 为方格网的边长。

（2）二点填方另二点挖方

当方格网为二点填方另二点为挖方时，其计算简图如附图 2 所示，计算体积

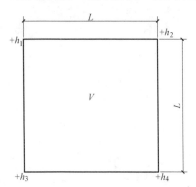

附图 1　四点全填或全挖计算图

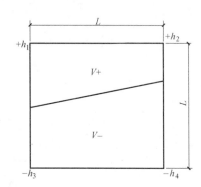

附图 2　二点填方另二点挖方计算图

的公式为：

$$填方 V_+ = \frac{L^2 \times (h_1+h_2)^2}{4 \times (h_1+h_2+h_3+h_4)}$$

$$挖方 V_- = \frac{L^2 \times (h_3+h_4)^2}{4 \times (h_1+h_2+h_3+h_4)}$$

（3）三点填方（或挖方）另一点挖方（或填方）

当方格网为三点填方（或挖方），另一点为挖方（或填方）时，其计算简图如附图 3 所示，计算体积的公式为：

$$挖方 V_- = \frac{L^2 \times h_1{}^3}{6 \times (h_1+h_2) \times (h_1+h_3)}$$

$$填方 V_+ = \frac{L^2}{6} \times (2h_2+2h_3+h_4-h_1) + (V_-)$$

（4）相对二点填方（或挖方）另二点挖方（或填方）

当方格网为相对二点填方（或挖方），另二点为挖方（或填方）时，其计算简图如附图 4 所示，计算体积的公式为：

$$填方：V_1 = \frac{L^2 \times h_1{}^3}{6 \times (h_1+h_2) \times (h_1+h_3)}$$

$$填方：V_2 = \frac{L^2 \times h_4{}^3}{6 \times (h_4+h_2) \times (h_4+h_3)}$$

$$挖方：-V = \frac{L^2}{6} \times (2h_2+2h_3-h_4-h_1) + 填方体积 V_1 + 填方体积 V_2$$

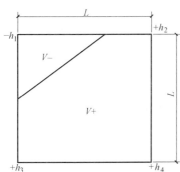

附图 3　三点填方另一点挖方计算图　　附图 4　相对二点填方另二点挖方计算图

2. 原计算公式存在的问题

原计算公式存在以下错误：

（1）在附图 3 中，如果 $h_1=-0.001\text{m}$，$h_2=2.000\text{m}$，$h_3=3.000\text{m}$，$h_4=4.000\text{m}$，$L=20.000\text{m}$，那么，我们可以采用一点挖方另三点填方公式进行计算：

123

$$V_- = \frac{L^2 \times h_1^3}{6 \times (h_1+h_2) \times (h_1+h_3)} = \frac{20^2 \times 0.001^3}{6 \times (0.001+2) \times (0.001+3)} = 1.110 \times 10^{-8} \text{m}^3,$$

$$V_+ = \frac{L^2}{6} \times (2h_2 + 2h_3 + h_4 - h_1) + (V_-) = \frac{20^2}{6} \times (2 \times 2 + 2 \times 3 + 4 - 0.001) + (V_-)$$

$$= 933.267 \text{m}^3$$

同样在附图3中，如果 $h_1 = 0.000$m，$h_2 = 2.000$m，$h_3 = 3.000$m，$h_4 = 4.000$m，$L = 20.000$m，那么，用一点挖方另三点填方公式进行计算：

$$V_- = \frac{L^2 \times h_1^3}{6 \times (h_1+h_2) \times (h_1+h_3)} = \frac{20^2 \times 0.000^3}{6 \times (0.001+2) \times (0.001+3)} = 0.000 \text{m}^3$$

$$V_+ = \frac{L^2}{6} \times (2h_2 + 2h_3 + h_4 - h_1) + (V_-) = \frac{20^2}{6} \times (2 \times 2 + 2 \times 3 + 4 - 0.000) + 0.000$$

$$= 933.333 \text{m}^3$$

这时我们也可以用四点填方公式进行计算：

$$V = \frac{1}{4} \times L^2 \times (h_1 + h_2 + h_3 + h_4) = \frac{20.000^2}{4} \times (0.000 + 2.000 + 3.000 + 4.000)$$

$$= 900.000 \text{m}^3$$

同样在附图3中，如果 $h_1 = 0.001$m，$h_2 = 2.000$m，$h_3 = 3.000$m，$h_4 = 4.000$m，$L = 20.000$m，那么，用四点填方公式进行计算：

$$V = \frac{1}{4} \times L^2 \times (h_1 + h_2 + h_3 + h_4) = \frac{20.000^2}{4} \times (0.001 + 2.000 + 3.000 + 4.000)$$

$$= 900.100 \text{m}^3$$

当 $h_1 = 0$ 时，无论用四点填方公式，还是用一点挖方另三点填方公式计算，其计算结果应该是一致的，而现在的计算结果显然是不一致的；当 $h_1 = -0.001$m，填方为 933.267m³，当 $h_1 = 0.001$m，填方反而为 900.100m³，这说明原一点挖方另三点填方计算公式是明显错误的。

(2) 在附图2中，如果 $h_2 = 0$，则说明零填零挖线通过右上角，如果假定零填零挖线是直线，那么，(V_+) 应与 h_4 无关，而原二点填方另二点挖方的计算公式为：$V_+ = \frac{L^2 \times (h_1+h_2)^2}{4 \times (h_1+h_2+h_3+h_4)}$，显然，$(V_+)$ 与 h_4 有关；另外，如果 h_3 与 h_4 互换，(V_+) 的计算结果不变，实际上，(V_+) 应有不同的计算结果，这说明该计算公式是不正确的。

3. 新的土石方（网格）计算公式

为此，重新建立土石方网格计算模型和公式，其计算简图如附图5所示：

其中，$h_1 \sim h_4$ 为四个角点的填挖高度（取绝对值），L_1 和 L_2 是网格的二个边长，$l_1 \sim l_8$ 是8个分段长度。

(1) 四点全填或全挖计算公式

当网格的四个角点为全填或全挖时，其计算模型如附图6所示：

附录 A 方格网土石方计算公式及要求

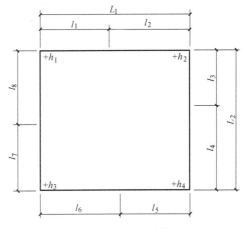

附图 5　方网格计算图

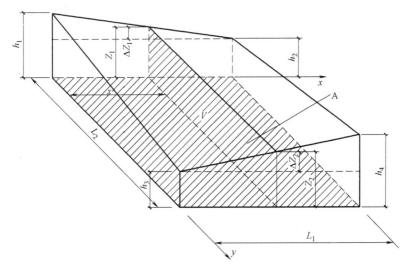

附图 6　四个角点为全填或全挖时的计算模型

经推导（推导过程省略），得出：

$$V = \frac{L_1 \times L_2}{4} \times (h_1 + h_2 + h_3 + h_4) \qquad \text{（公式-1）}$$

（2）二点填方另二点挖方计算公式

当网格的二个角点为填方，另二点为挖方时，其计算简图和模型分别如附图 7 和附图 8 所示。

经推导（推导过程省略），得出：

$$V_1 = \frac{L_1 \times L_2}{12} \times \left[\frac{(2h_1 + h_2)}{h_1 + h_3} \times h_1 + \frac{(h_1 + 2h_2)}{h_2 + h_4} \times h_2 \right] \qquad \text{（公式-2）}$$

125

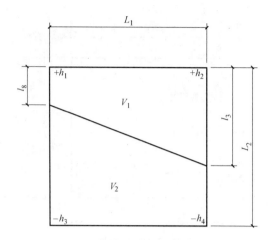

附图7 二个角点填方另二点挖方时的计算简图

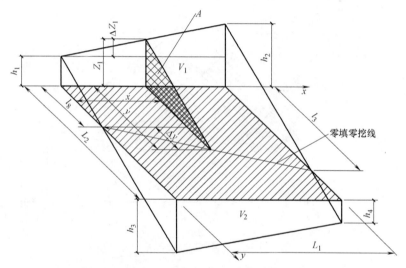

附图8 二个角点填方另二点挖方时的计算模型

同样推理得到:

$$V_2 = \frac{L_1 \times L_2}{12} \times \left[\frac{(2h_3+h_4)}{h_1+h_3} \times h_3 + \frac{(h_3+2h_4)}{h_2+h_4} \times h_4 \right] \quad \text{(公式-3a)}$$

(3) 一点填(挖)另三点挖(填)计算公式

当网格的一个角点为填方(或挖方),另三点为挖方(或填方)时,其计算简图和模型分别如附图9和附图10所示:

经推导(推导过程省略),得出:

$$h_5 = h_3 + (h_4 - h_3) \times \frac{l_1}{L_1} = h_3 + (h_4 - h_3) \times \frac{h_1}{h_1+h_2} \quad \text{(公式-3b)}$$

附录 A 方格网土石方计算公式及要求

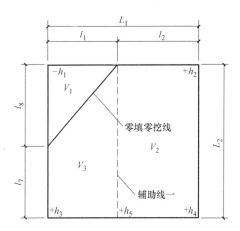

附图 9 一点填另三点挖计算简图（一）

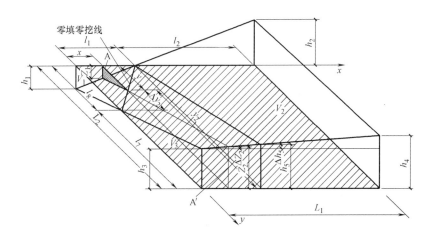

附图 10 一点填另三点挖计算模型

$$V_1 = \frac{L_1 \times L_2 \times h_1^3}{6 \times (h_1 + h_2) \times (h_1 + h_3)} \qquad (公式\text{-}4)$$

如果按辅助线一计算填方，则利用公式-1，$V_2 = \frac{1}{4} \times l_2 \times L_2 \times (0 + h_2 + h_5 + h_4) = \frac{1}{4} \times \frac{h_2}{h_1 + h_2} \times L_1 \times L_2 \times (h_2 + h_4 + h_5)$；

利用公式-3，用 $l_1 = L_1$，$h_2 = 0$，$h_4 = h_5$ 代入公式-3，得到：

$$V_3 = \frac{l_1 \times L_2}{12} \times \left(\frac{2h_3 + h_5}{h_1 + h_3} \times h_3 + \frac{h_3 + 2h_5}{0 + h_5} \times h_5 \right)$$

$$= \frac{h_1 \times L_1 \times L_2}{12 \times (h_1 + h_2)} \times \left(h_3 + 2h_5 + \frac{2h_3 + h_5}{h_1 + h_3} \times h_3 \right)$$

127

填方 $V = V_2 + V_3$

$= \dfrac{L_1 \times L_2 \times h_2}{4 \times (h_1+h_2)} \times (h_2+h_4+h_5) + \dfrac{L_1 \times L_2 \times h_1}{12 \times (h_1+h_2)} \times (h_3+2h_5+\dfrac{2h_3+h_5}{h_1+h_3} \times h_3)$

$V_+ = \dfrac{L_1 \times L_2}{12 \times (h_1+h_2)} \times [3h_2 \times (h_2+h_4+h_5) + h_1 \times (h_3+2h_5+\dfrac{2h_3+h_5}{h_1+h_3} \times h_3)]$

(公式-5a)

如果按辅助线二计算填方,则如附图 11 所示:

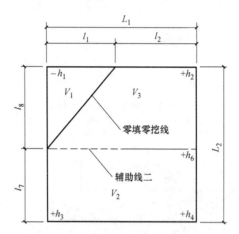

附图 11 一点填另三点挖计算简图 (二)

$$h_6 = h_4 + (h_2 - h_4) \times \dfrac{h_3}{h_1+h_3}$$

(公式-5b)

利用公式-1, $V_2 = \dfrac{1}{4} \times l_7 \times L_1 \times (0+h_6+h_3+h_4) = \dfrac{1}{4} \times \dfrac{h_3}{h_1+h_3} \times L_1 \times L_2 \times (h_3+h_4+h_6)$

利用公式-2,用 l_8 代替 L_1,L_1 代替 L_2,h_2 代替 h_1,h_6 代替 h_2,h_1 代替 h_3,$h_4 = 0$ 代入公式-2,得到:

$V_3 = \dfrac{l_8 \times L_1}{12} \times \left[\dfrac{(2h_2+h_6)}{h_2+h_1} \times h_2 + \dfrac{(h_2+2h_6)}{h_6+0} \times h_6 \right]$

$= \dfrac{h_1 \times L_1 \times L_2}{12 \times (h_1+h_3)} \times \left[\dfrac{(2h_2+h_6)}{h_1+h_2} \times h_2 + h_2 + 2h_6 \right]$

填方 $V = V_2 + V_3$

$= \dfrac{L_1 \times L_2}{12 \times (h_1+h_3)} \times \{3h_3 \times (h_3+h_4+h_6) + h_1 \times [h_2+2h_6+\dfrac{(2h_2+h_6)}{h_1+h_2} \times h_2]\}$

(公式-6)

用公式-5 和公式-6 计算同一方格网的土石方量会有一点差异,但它们的计算结果与 ANSYS 的计算结果完全一致。

如方格网出现附图4情况，这说明该地形很复杂和怪异，这时应加密方格网，使方格网变成四点全填（挖），或二点填另二点挖，或一点填（挖）另三点挖（填）形式，以提高计算准确性。

从推导公式的计算模型中可以看到，方格网计算是假定方格网内的地形是直线变化的，而实际地形可能是高低起伏的；同时，假定零填零挖线是一条直线，而实际上该线可能是一条曲线，然而，只有做这样的假设，才能推导出上述计算公式，否则，无法推导计算公式，或推导出的计算公式极其复杂。由此可见，为了得到准确的计算结果，应将方格网划分得足够小。如果将方格网划分的无限小，那么，得到的是一个真实的地形曲面，即得到的土石方量是无限精确的，见附图12和附图13。

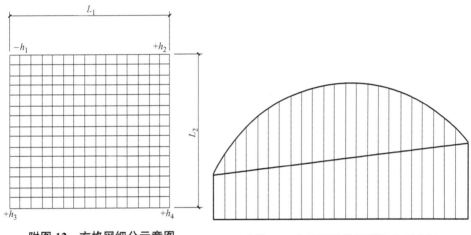

附图12　方格网细分示意图　　附图13　方格网计算模型细分示意图

建议：软件公司在开发计算软件时，应提供这样一种功能，即计算时应将方格网划分得足够小以便得到准确的计算结果，但在生成图表时，将一定数量的小方格网合并成大一些的方格网，以便看清图表。

4. 结论

（1）原土石方计算公式很简单，可能是公式推导有问题，或为了简化，但它们明显存在问题，应及时修正。

（2）上述新推导的公式比较复杂，但它们是准确和可信的（其数学模型和计算结果与ANSYS软件计算体积的模型和结果完全一致）。目前，电脑计算能力非常强大，应大力推广新的土石方计算公式，以提高土石方计算的准确性和可信性。

（3）为了得到准确和可信的土石方计算结果，应具备三个条件：1）地形图是真三维的，是完整和精细地。2）计算土石方的公式和方式是精确的，而不是近似的。3) 当地形和设计模型复杂、不呈线性变化时，必须将网格划分得足够小，使每一块地形和设计模型都呈线性变化，唯有这样，计算土石方才是准确和可信的。

5. 鸣谢

在编写本文时，得到了我的同事（孙渝刚、姚毅荣、崔艳艳和蔡帅）、CAD公司任耀、鸿业公司张晓伟、中广核设计公司王明等的支持，特别感谢孙渝刚帮我校对了全文，并用 ANSYS 软件进行了检验。

参 考 文 献

1. 《城市道路工程设计规范》CJJ 37—2012.
2. 《城镇道路路面设计规范》CJJ 169—2012.
3. 《城市道路设计手册》北京市市政设计院.
4. 《厂矿道路设计规范》GBJ 22—87.
5. 《城市道路设计规程》DGJ 08-2106—2012.
6. 《工业企业总平面设计规范》GB 50187—2012.
7. 《核电厂总平面及运输设计规范》GB/T 50294—2014.
8. 《无障碍设计规范》GB 50763—2012.
9. 《民用建筑设计通则》GB 50352—2005.
10. 《建筑总平面设计》重庆建筑工程学院建筑系吴迪慎、陈德翔、赵长庚执笔.
11. 《城市道路设计》高等学校教材第二版，吴瑞麟、沈建武编著.